# INDONESISCH

## WORTSCHATZ

# DEUTSCH INDONESISCH

Die nützlichsten Wörter
Zur Erweiterung Ihres Wortschatzes und
Verbesserung der Sprachfertigkeit

## 3000 Wörter

# Wortschatz Deutsch-Indonesisch für das Selbststudium - 3000 Wörter

Von Andrey Taranov

T&P Books Vokabelbücher sind dafür vorgesehen, beim Lernen einer Fremdsprache zu helfen, Wörter zu memorieren und zu wiederholen. Das Wörterbuch ist nach Themen aufgeteilt und deckt alle wichtigen Bereiche des täglichen Lebens, Berufs, Wissenschaft, Kultur etc. ab.

Durch das Benutzen der themenbezogenen T&P Books ergeben sich folgende Vorteile für den Lernprozess:

- Sachgemäß geordnete Informationen bestimmen den späteren Erfolg auf den darauffolgenden Stufen der Memorisierung
- Die Verfügbarkeit von Wörtern, die sich aus der gleichen Wurzel ableiten lassen, erlaubt die Memorisierung von Worteinheiten (mehr als bei einzeln stehenden Wörtern)
- Kleine Worteinheiten unterstützen den Aufbauprozess von assoziativen Verbindungen für die Festigung des Wortschatzes
- Die Kenntnis der Sprache kann aufgrund der Anzahl der gelernten Wörter eingeschätzt werden

T&P Books Publishing
www.tpbooks.com

ISBN: 978-1-78616-506-0

Dieses Buch ist auch im E-Book Format erhältlich.
Besuchen Sie uns auch auf www.tpbooks.com oder auf einer der bedeutenden Buchhandlungen online.

# WORTSCHATZ DEUTSCH-INDONESISCH
## für das Selbststudium

Die Vokabelbücher von T&P Books sind dafür vorgesehen, Ihnen beim Lernen einer Fremdsprache zu helfen, Wörter zu memorieren und zu wiederholen. Der Wortschatz enthält über 3000 häufig gebrauchte, thematisch geordnete Wörter.

- Der Wortschatz enthält die am häufigsten benutzten Wörter
- Eignet sich als Ergänzung zu jedem Sprachkurs
- Erfüllt die Bedürfnisse von Anfängern und fortgeschrittenen Lernenden von Fremdsprachen
- Praktisch für den täglichen Gebrauch, zur Wiederholung und um sich selbst zu testen
- Ermöglicht es, Ihren Wortschatz einzuschätzen

**Besondere Merkmale des Wortschatzes:**

- Wörter sind entsprechend ihrer Bedeutung und nicht alphabetisch organisiert
- Wörter werden in drei Spalten präsentiert, um das Wiederholen und den Selbstüberprüfungsprozess zu erleichtern
- Wortgruppen werden in kleinere Einheiten aufgespalten, um den Lernprozess zu fördern
- Der Wortschatz bietet eine praktische und einfache Lautschrift jedes Wortes der Fremdsprache

**Der Wortschatz hat 101 Themen, einschließlich:**

Grundbegriffe, Zahlen, Farben, Monate, Jahreszeiten, Maßeinheiten, Kleidung und Accessoires, Essen und Ernährung, Restaurant, Familienangehörige, Verwandte, Charaktereigenschaften, Empfindungen, Gefühle, Krankheiten, Großstadt, Kleinstadt, Sehenswürdigkeiten, Einkaufen, Geld, Haus, Zuhause, Büro, Import & Export, Marketing, Arbeitssuche, Sport, Ausbildung, Computer, Internet, Werkzeug, Natur, Länder, Nationalitäten und vieles mehr...

# INHALT

# LEITFADEN FÜR DIE AUSSPRACHE

| Buchstabe | Indonesisch Beispiel | T&P phonetisches Alphabet | Deutsch Beispiel |
|---|---|---|---|
| Aa | zaman | [a] | schwarz |
| Bb | besar | [b] | Brille |
| Cc | kecil, cepat | [tʃ] | Matsch |
| Dd | dugaan | [d] | Detektiv |
| Ee | segera, mencium | [e], [ə] | hängen |
| Ff | berfungsi | [f] | fünf |
| Gg | juga, lagi | [g] | gelb |
| Hh | hanya, bahwa | [h] | brauchbar |
| Ii | izin, sebagai ganti | [i], [j] | ihr, Jacke |
| Jj | setuju, ijin | [dʒ] | Jeans, Magyaren |
| Kk | kemudian, tidak | [k], [ˀ] | dreieckig, Glottisschlag |
| Ll | dilarang | [l] | Juli |
| Mm | melihat | [m] | Mitte |
| Nn | berenang | [n], [ŋ] | nicht, Känguru |
| Oo | toko roti | [o:] | groß |
| Pp | peribahasa | [p] | Polizei |
| Qq | Aquarius | [k] | Kalender |
| Rr | ratu, riang | [r] | Zungenspitzen-R |
| Ss | sendok, syarat | [s], [ʃ] | sein, Chance |
| Tt | tamu, adat | [t] | still |
| Uu | ambulans | [u] | kurz |
| Vv | renovasi | [v] | November |
| Ww | pariwisata | [w] | schwanger |
| Xx | boxer | [ks] | Expedition |
| Yy | banyak, syarat | [j] | Jacke |
| Zz | zamrud | [z] | sein |

## Zusammensetzungen von Buchstaben

| aa | maaf | [aˀa] | a+Glottisschlag |
|---|---|---|---|
| kh | khawatir | [h] | brauchbar |
| th | Gereja Lutheran | [t] | still |
| -k | tidak | [ˀ] | Glottisschlag |

# ABKÜRZUNGEN
## die im Vokabular verwendet werden

## Deutsch. Abkürzungen

| | | |
|---|---|---|
| Adj | - | Adjektiv |
| Adv | - | Adverb |
| Amtsspr. | - | Amtssprache |
| f | - | Femininum |
| f, n | - | Femininum, Neutrum |
| Fem. | - | Femininum |
| m | - | Maskulinum |
| m, f | - | Maskulinum, Femininum |
| m, n | - | Maskulinum, Neutrum |
| Mask. | - | Maskulinum |
| n | - | Neutrum |
| pl | - | Plural |
| Sg. | - | Singular |
| ugs. | - | umgangssprachlich |
| unzähl. | - | unzählbar |
| usw. | - | und so weiter |
| v mod | - | Modalverb |
| vi | - | intransitives Verb |
| vi, vt | - | intransitives, transitives Verb |
| vt | - | transitives Verb |
| zähl. | - | zählbar |
| z.B. | - | zum Beispiel |

# GRUNDBEGRIFFE

## 1. Pronomen

| | | |
|---|---|---|
| Ich | saya, aku | [saja], [aku] |
| du | engkau, kamu | [eŋkau], [kamu] |
| er, sie, es | beliau, dia, ia | [beliau], [dia], [ia] |
| | | |
| wir | kami, kita | [kami], [kita] |
| ihr | kalian | [kalian] |
| Sie (Sg.) | Anda | [anda] |
| Sie (pl) | Anda sekalian | [anda sekalian] |
| sie | mereka | [mereka] |

## 2. Grüße. Begrüßungen

| | | |
|---|---|---|
| Hallo! (ugs.) | Halo! | [halo!] |
| Hallo! (Amtsspr.) | Halo! | [halo!] |
| Guten Morgen! | Selamat pagi! | [slamat pagi!] |
| Guten Tag! | Selamat siang! | [slamat siaŋ!] |
| Guten Abend! | Selamat sore! | [slamat sore!] |
| | | |
| grüßen (vi, vt) | menyapa | [mənjapa] |
| Hallo! (ugs.) | Hai! | [hey!] |
| Gruß (m) | sambutan, salam | [sambutan], [salam] |
| begrüßen (vt) | menyambut | [mənjambut] |
| Wie geht's? | Apa kabar? | [apa kabar?] |
| Was gibt es Neues? | Apa yang baru? | [apa yaŋ baru?] |
| | | |
| Auf Wiedersehen! | Selamat tinggal! | [slamat tiŋgal!], |
| | Selamat jalan! | [slamat dʒʲalan!] |
| Wiedersehen! Tschüs! | Dadah! | [dadah!] |
| Bis bald! | Sampai bertemu lagi! | [sampaj bərtemu lagi!] |
| Lebe wohl! | Sampai jumpa! | [sampaj dʒʲumpa!] |
| Leben Sie wohl! | Selamat tinggal! | [slamat tiŋgal!] |
| sich verabschieden | berpamitan | [bərpamitan] |
| Tschüs! | Sampai nanti! | [sampaj nanti!] |
| | | |
| Danke! | Terima kasih! | [tərima kasih!] |
| Dankeschön! | Terima kasih banyak! | [tərima kasih banjaʔ!] |
| Bitte (Antwort) | Kembali! Sama-sama! | [kembali!], [sama-sama!] |
| Keine Ursache. | Kembali! | [kembali!] |
| Nichts zu danken. | Kembali! | [kembali!] |
| | | |
| Entschuldigen Sie! | Maaf, ... | [maʔaf, ...] |
| entschuldigen (vt) | memaafkan | [memaʔafkan] |
| sich entschuldigen | meminta maaf | [meminta maʔaf] |
| Verzeihung! | Maafkan saya | [maʔafkan saja] |

| Es tut mir leid! | Maaf! | [ma'af!] |
|---|---|---|
| verzeihen (vt) | memaafkan | [mema'afkan] |
| Das macht nichts! | Tidak apa-apa! | [tida' apa-apa!] |
| bitte (Die Rechnung, ~!) | tolong | [toloŋ] |

| Nicht vergessen! | Jangan lupa! | [dʒ'aŋan lupa!] |
|---|---|---|
| Natürlich! | Tentu! | [tentu!] |
| Natürlich nicht! | Tentu tidak! | [tentu tida'!] |
| Gut! Okay! | Baiklah! Baik! | [bajklah!], [baj'!] |
| Es ist genug! | Cukuplah! | [tʃukuplah!] |

## 3. Fragen

| Wer? | Siapa? | [siapa?] |
|---|---|---|
| Was? | Apa? | [apa?] |
| Wo? | Di mana? | [di mana?] |
| Wohin? | Ke mana? | [ke mana?] |
| Woher? | Dari mana? | [dari mana?] |
| Wann? | Kapan? | [kapan?] |
| Wozu? | Mengapa? | [məŋapa?] |
| Warum? | Mengapa? | [məŋapa?] |

| Wofür? | Untuk apa? | [untu' apa?] |
|---|---|---|
| Wie? | Bagaimana? | [bagajmana?] |
| Welcher? | Apa? Yang mana? | [apa?], [yaŋ mana?] |

| Wem? | Kepada siapa?<br>Untuk siapa? | [kepada siapa?],<br>[untu' siapa?] |
|---|---|---|
| Über wen? | Tentang siapa? | [tentaŋ siapa?] |
| Wovon? (~ sprichst du?) | Tentang apa? | [tentaŋ apa?] |
| Mit wem? | Dengan siapa? | [deŋan siapa?] |

| Wie viel? Wie viele? | Berapa? | [bərapa?] |
|---|---|---|
| Wessen? | Milik siapa? | [mili' siapa?] |

## 4. Präpositionen

| mit (Frau ~ Katzen) | dengan | [deŋan] |
|---|---|---|
| ohne (~ Dich) | tanpa | [tanpa] |
| nach (~ London) | ke | [ke] |
| über (~ Geschäfte sprechen) | tentang ... | [tentaŋ ...] |
| vor (z.B. ~ acht Uhr) | sebelum | [sebelum] |
| vor (z.B. ~ dem Haus) | di depan ... | [di depan ...] |

| unter (~ dem Schirm) | di bawah | [di bawah] |
|---|---|---|
| über (~ dem Meeresspiegel) | di atas | [di atas] |
| auf (~ dem Tisch) | di atas | [di atas] |
| aus (z.B. ~ München) | dari | [dari] |
| aus (z.B. ~ Porzellan) | dari | [dari] |

| in (~ zwei Tagen) | dalam | [dalam] |
|---|---|---|
| über (~ zaun) | melalui | [melalui] |

## 5. Funktionswörter. Adverbien. Teil 1

| Wo? | Di mana? | [di mana?] |
|---|---|---|
| hier | di sini | [di sini] |
| dort | di sana | [di sana] |

| irgendwo | di suatu tempat | [di suatu tempat] |
|---|---|---|
| nirgends | tak ada di mana pun | [ta' ada di mana pun] |

| an (bei) | dekat | [dekat] |
|---|---|---|
| am Fenster | dekat jendela | [dekat dʒˈendela] |

| Wohin? | Ke mana? | [ke mana?] |
|---|---|---|
| hierher | ke sini | [ke sini] |
| dahin | ke sana | [ke sana] |
| von hier | dari sini | [dari sini] |
| von da | dari sana | [dari sana] |

| nah (Adv) | dekat | [dekat] |
|---|---|---|
| weit, fern (Adv) | jauh | [dʒˈauh] |

| in der Nähe von … | dekat | [dekat] |
|---|---|---|
| in der Nähe | dekat | [dekat] |
| unweit (~ unseres Hotels) | tidak jauh | [tida' dʒˈauh] |

| link (Adj) | kiri | [kiri] |
|---|---|---|
| links (Adv) | di kiri | [di kiri] |
| nach links | ke kiri | [ke kiri] |

| recht (Adj) | kanan | [kanan] |
|---|---|---|
| rechts (Adv) | di kanan | [di kanan] |
| nach rechts | ke kanan | [ke kanan] |

| vorne (Adv) | di depan | [di depan] |
|---|---|---|
| Vorder- | depan | [depan] |
| vorwärts | ke depan | [ke depan] |

| hinten (Adv) | di belakang | [di belakaŋ] |
|---|---|---|
| von hinten | dari belakang | [dari belakaŋ] |
| rückwärts (Adv) | mundur | [mundur] |

| Mitte (f) | tengah | [teŋah] |
|---|---|---|
| in der Mitte | di tengah | [di teŋah] |

| seitlich (Adv) | di sisi, di samping | [di sisi], [di sampiŋ] |
|---|---|---|
| überall (Adv) | di mana-mana | [di mana-mana] |
| ringsherum (Adv) | di sekitar | [di sekitar] |

| von innen (Adv) | dari dalam | [dari dalam] |
|---|---|---|
| irgendwohin (Adv) | ke suatu tempat | [ke suatu tempat] |
| geradeaus (Adv) | terus | [terus] |
| zurück (Adv) | kembali | [kembali] |

| irgendwoher (Adv) | dari mana pun | [dari mana pun] |
|---|---|---|
| von irgendwo (Adv) | dari suatu tempat | [dari suatu tempat] |

| erstens | pertama | [pərtama] |
|---|---|---|
| zweitens | kedua | [kedua] |
| drittens | ketiga | [ketiga] |

| plötzlich (Adv) | tiba-tiba | [tiba-tiba] |
|---|---|---|
| zuerst (Adv) | mula-mula | [mula-mula] |
| zum ersten Mal | untuk pertama kalinya | [untuʔ pertama kalinja] |
| lange vor... | jauh sebelum ... | [dʒ'auh sebelum ...] |
| von Anfang an | kembali | [kembali] |
| für immer | untuk selama-lamanya | [untuʔ selama-lamanja] |

| nie (Adv) | tidak pernah | [tidaʔ pərnah] |
|---|---|---|
| wieder (Adv) | lagi, kembali | [lagi], [kembali] |
| jetzt (Adv) | sekarang | [sekaraŋ] |
| oft (Adv) | sering, seringkali | [seriŋ], [seriŋkali] |
| damals (Adv) | ketika itu | [ketika itu] |
| dringend (Adv) | segera | [segera] |
| gewöhnlich (Adv) | biasanya | [biasanja] |

| übrigens, ... | ngomong-ngomong ... | [ŋomoŋ-ŋomoŋ ...] |
|---|---|---|
| möglicherweise (Adv) | mungkin | [muŋkin] |
| wahrscheinlich (Adv) | mungkin | [muŋkin] |
| vielleicht (Adv) | mungkin | [muŋkin] |
| außerdem ... | selain itu ... | [selajn itu ...] |
| deshalb ... | karena itu ... | [karena itu ...] |
| trotz ... | meskipun ... | [meskipun ...] |
| dank ... | berkat ... | [berkat ...] |

| was (~ ist denn?) | apa | [apa] |
|---|---|---|
| das (~ ist alles) | bahwa | [bahwa] |
| etwas | sesuatu | [sesuatu] |
| irgendwas | sesuatu | [sesuatu] |
| nichts | tidak sesuatu pun | [tidaʔ sesuatu pun] |

| wer (~ ist ~?) | siapa | [siapa] |
|---|---|---|
| jemand | seseorang | [seseoraŋ] |
| irgendwer | seseorang | [seseoraŋ] |

| niemand | tidak seorang pun | [tidaʔ seoraŋ pun] |
|---|---|---|
| nirgends | tidak ke mana pun | [tidaʔ ke mana pun] |
| niemandes (~ Eigentum) | tidak milik siapa pun | [tidaʔ miliʔ siapa pun] |
| jemandes | milik seseorang | [miliʔ seseoraŋ] |

| so (derart) | sangat | [saŋat] |
|---|---|---|
| auch | juga | [dʒ'uga] |
| ebenfalls | juga | [dʒ'uga] |

## 6. Funktionswörter. Adverbien. Teil 2

| Warum? | Mengapa? | [məŋapa?] |
|---|---|---|
| aus irgendeinem Grund | entah mengapa | [entah məŋapa] |
| weil ... | karena ,,, | [karena ,,,] |
| zu irgendeinem Zweck | untuk tujuan tertentu | [untuʔ tudʒ'uan tertentu] |
| und | dan | [dan] |

| oder | atau | [atau] |
| aber | tetapi, namun | [tetapi], [namun] |
| für (präp) | untuk | [untuʔ] |

| zu (~ viele) | terlalu | [tərlalu] |
| nur (~ einmal) | hanya | [hanja] |
| genau (Adv) | tepat | [tepat] |
| etwa | sekitar | [sekitar] |

| ungefähr (Adv) | kira-kira | [kira-kira] |
| ungefähr (Adj) | kira-kira | [kira-kira] |
| fast | hampir | [hampir] |
| Übrige (n) | selebihnya, sisanya | [selebihnja], [sisanja] |

| der andere | kedua | [kedua] |
| andere | lain | [lain] |
| jeder (~ Mann) | setiap | [setiap] |
| beliebig (Adj) | sebarang | [sebaraŋ] |
| viel | banyak | [banjaʔ] |
| viele Menschen | banyak orang | [banjaʔ oraŋ] |
| alle (wir ~) | semua | [semua] |

| im Austausch gegen … | sebagai ganti … | [sebagaj ganti …] |
| dafür (Adv) | sebagai gantinya | [sebagaj gantinja] |
| mit der Hand (Hand-) | dengan tangan | [deŋan taŋan] |
| schwerlich (Adv) | hampir tidak | [hampir tidaʔ] |

| wahrscheinlich (Adv) | mungkin | [muŋkin] |
| absichtlich (Adv) | sengaja | [seŋadʒⁱa] |
| zufällig (Adv) | tidak sengaja | [tidaʔ seŋadʒⁱa] |

| sehr (Adv) | sangat | [saŋat] |
| zum Beispiel | misalnya | [misalnja] |
| zwischen | antara | [antara] |
| unter (Wir sind ~ Mördern) | di antara | [di antara] |
| so viele (~ Ideen) | banyak sekali | [banjaʔ sekali] |
| besonders (Adv) | terutama | [tərutama] |

# ZAHLEN. VERSCHIEDENES

## 7. Grundzahlen. Teil 1

| | | |
|---|---|---|
| null | **nol** | [nol] |
| eins | **satu** | [satu] |
| zwei | **dua** | [dua] |
| drei | **tiga** | [tiga] |
| vier | **empat** | [empat] |
| | | |
| fünf | **lima** | [lima] |
| sechs | **enam** | [enam] |
| sieben | **tujuh** | [tuʤʲuh] |
| acht | **delapan** | [delapan] |
| neun | **sembilan** | [sembilan] |
| | | |
| zehn | **sepuluh** | [sepuluh] |
| elf | **sebelas** | [sebelas] |
| zwölf | **dua belas** | [dua belas] |
| dreizehn | **tiga belas** | [tiga belas] |
| vierzehn | **empat belas** | [empat belas] |
| | | |
| fünfzehn | **lima belas** | [lima belas] |
| sechzehn | **enam belas** | [enam belas] |
| siebzehn | **tujuh belas** | [tuʤʲuh belas] |
| achtzehn | **delapan belas** | [delapan belas] |
| neunzehn | **sembilan belas** | [sembilan belas] |
| | | |
| zwanzig | **dua puluh** | [dua puluh] |
| einundzwanzig | **dua puluh satu** | [dua puluh satu] |
| zweiundzwanzig | **dua puluh dua** | [dua puluh dua] |
| dreiundzwanzig | **dua puluh tiga** | [dua puluh tiga] |
| | | |
| dreißig | **tiga puluh** | [tiga puluh] |
| einunddreißig | **tiga puluh satu** | [tiga puluh satu] |
| zweiunddreißig | **tiga puluh dua** | [tiga puluh dua] |
| dreiunddreißig | **tiga puluh tiga** | [tiga puluh tiga] |
| | | |
| vierzig | **empat puluh** | [empat puluh] |
| einundvierzig | **empat puluh satu** | [empat puluh satu] |
| zweiundvierzig | **empat puluh dua** | [empat puluh dua] |
| dreiundvierzig | **empat puluh tiga** | [empat puluh tiga] |
| | | |
| fünfzig | **lima puluh** | [lima puluh] |
| einundfünfzig | **lima puluh satu** | [lima puluh satu] |
| zweiundfünfzig | **lima puluh dua** | [lima puluh dua] |
| dreiundfünfzig | **lima puluh tiga** | [lima puluh tiga] |
| | | |
| sechzig | **enam puluh** | [enam puluh] |
| einundsechzig | **enam puluh satu** | [enam puluh satu] |

| zweiundsechzig | enam puluh dua | [enam puluh dua] |
| dreiundsechzig | enam puluh tiga | [enam puluh tiga] |

| siebzig | tujuh puluh | [tudʒʲuh puluh] |
| einundsiebzig | tujuh puluh satu | [tudʒʲuh puluh satu] |
| zweiundsiebzig | tujuh puluh dua | [tudʒʲuh puluh dua] |
| dreiundsiebzig | tujuh puluh tiga | [tudʒʲuh puluh tiga] |

| achtzig | delapan puluh | [delapan puluh] |
| einundachtzig | delapan puluh satu | [delapan puluh satu] |
| zweiundachtzig | delapan puluh dua | [delapan puluh dua] |
| dreiundachtzig | delapan puluh tiga | [delapan puluh tiga] |

| neunzig | sembilan puluh | [sembilan puluh] |
| einundneunzig | sembulan puluh satu | [sembulan puluh satu] |
| zweiundneunzig | sembilan puluh dua | [sembilan puluh dua] |
| dreiundneunzig | sembilan puluh tiga | [sembilan puluh tiga] |

## 8. Grundzahlen. Teil 2

| einhundert | seratus | [seratus] |
| zweihundert | dua ratus | [dua ratus] |
| dreihundert | tiga ratus | [tiga ratus] |
| vierhundert | empat ratus | [empat ratus] |
| fünfhundert | lima ratus | [lima ratus] |

| sechshundert | enam ratus | [enam ratus] |
| siebenhundert | tujuh ratus | [tudʒʲuh ratus] |
| achthundert | delapan ratus | [delapan ratus] |
| neunhundert | sembilan ratus | [sembilan ratus] |

| eintausend | seribu | [seribu] |
| zweitausend | dua ribu | [dua ribu] |
| dreitausend | tiga ribu | [tiga ribu] |
| zehntausend | sepuluh ribu | [sepuluh ribu] |
| hunderttausend | seratus ribu | [seratus ribu] |
| Million (f) | juta | [dʒʲuta] |
| Milliarde (f) | miliar | [miliar] |

## 9. Ordnungszahlen

| der erste | pertama | [pərtama] |
| der zweite | kedua | [kedua] |
| der dritte | ketiga | [ketiga] |
| der vierte | keempat | [keempat] |
| der fünfte | kelima | [kelima] |

| der sechste | keenam | [keenam] |
| der siebte | ketujuh | [ketudʒʲuh] |
| der achte | kedelapan | [kedelapan] |
| der neunte | kesembilan | [kesembilan] |
| der zehnte | kesepuluh | [kesepuluh] |

# FARBEN. MAßEINHEITEN

## 10. Farben

| | | |
|---|---|---|
| Farbe (f) | warna | [warna] |
| Schattierung (f) | nuansa | [nuansa] |
| Farbton (m) | warna | [warna] |
| Regenbogen (m) | pelangi | [pelaɲi] |
| | | |
| weiß | putih | [putih] |
| schwarz | hitam | [hitam] |
| grau | kelabu | [kelabu] |
| | | |
| grün | hijau | [hidʒʲau] |
| gelb | kuning | [kuniŋ] |
| rot | merah | [merah] |
| | | |
| blau | biru | [biru] |
| hellblau | biru muda | [biru muda] |
| rosa | pink | [pinʔ] |
| orange | oranye, jingga | [oranje], [dʒiŋga] |
| violett | violet, ungu muda | [violet], [uŋu muda] |
| braun | cokelat | [tʃokelat] |
| | | |
| golden | keemasan | [keemasan] |
| silbrig | keperakan | [keperakan] |
| | | |
| beige | abu-abu kecokelatan | [abu-abu ketʃokelatan] |
| cremefarben | krem | [krem] |
| türkis | pirus | [pirus] |
| kirschrot | merah tua | [merah tua] |
| lila | ungu | [uŋu] |
| himbeerrot | merah lembayung | [merah lembajuŋ] |
| | | |
| hell | terang | [teraŋ] |
| dunkel | gelap | [gelap] |
| grell | terang | [teraŋ] |
| | | |
| Farb- (z.B. -stifte) | berwarna | [bərwarna] |
| Farb- (z.B. -film) | warna | [warna] |
| schwarz-weiß | hitam-putih | [hitam-putih] |
| einfarbig | polos, satu warna | [polos], [satu warna] |
| bunt | berwarna-warni | [bərwarna-warni] |

## 11. Maßeinheiten

| | | |
|---|---|---|
| Gewicht (n) | berat | [berat] |
| Länge (f) | panjang | [pandʒʲaŋ] |

| | | |
|---|---|---|
| Breite (f) | lebar | [lebar] |
| Höhe (f) | ketinggian | [ketiŋgian] |
| Tiefe (f) | kedalaman | [kedalaman] |
| Volumen (n) | volume, isi | [volume], [isi] |
| Fläche (f) | luas | [luas] |

| | | |
|---|---|---|
| Gramm (n) | gram | [gram] |
| Milligramm (n) | miligram | [miligram] |
| Kilo (n) | kilogram | [kilogram] |
| Tonne (f) | ton | [ton] |
| Pfund (n) | pon | [pon] |
| Unze (f) | ons | [ons] |

| | | |
|---|---|---|
| Meter (m) | meter | [meter] |
| Millimeter (m) | milimeter | [milimeter] |
| Zentimeter (m) | sentimeter | [sentimeter] |
| Kilometer (m) | kilometer | [kilometer] |
| Meile (f) | mil | [mil] |

| | | |
|---|---|---|
| Zoll (m) | inci | [intʃi] |
| Fuß (m) | kaki | [kaki] |
| Yard (n) | yard | [yard] |

| | | |
|---|---|---|
| Quadratmeter (m) | meter persegi | [meter pərsegi] |
| Hektar (n) | hektar | [hektar] |

| | | |
|---|---|---|
| Liter (m) | liter | [liter] |
| Grad (m) | derajat | [deradʒ'at] |
| Volt (n) | volt | [volt] |
| Ampere (n) | ampere | [ampere] |
| Pferdestärke (f) | tenaga kuda | [tenaga kuda] |

| | | |
|---|---|---|
| Anzahl (f) | kuantitas | [kuantitas] |
| etwas … | sedikit … | [sedikit …] |
| Hälfte (f) | setengah | [seteŋah] |
| Dutzend (n) | lusin | [lusin] |
| Stück (n) | buah | [buah] |

| | | |
|---|---|---|
| Größe (f) | ukuran | [ukuran] |
| Maßstab (m) | skala | [skala] |

| | | |
|---|---|---|
| minimal (Adj) | minimal | [minimal] |
| der kleinste | terkecil | [tərketʃil] |
| mittler, mittel- | sedang | [sedaŋ] |
| maximal (Adj) | maksimal | [maksimal] |
| der größte | terbesar | [tərbesar] |

## 12. Behälter

| | | |
|---|---|---|
| Glas (Einmachglas) | gelas | [gelas] |
| Dose (z.B. Bierdose) | kaleng | [kaleŋ] |
| Eimer (m) | ember | [ember] |
| Fass (n), Tonne (f) | tong | [toŋ] |
| Waschschüssel (n) | baskom | [baskom] |

| Tank (m) | tangki | [taŋki] |
| Flachmann (m) | pelples | [pelples] |
| Kanister (m) | jeriken | [dʒⁱeriken] |
| Zisterne (f) | tangki | [taŋki] |

| Kaffeebecher (m) | mangkuk | [maŋkuʔ] |
| Tasse (f) | cangkir | [tʃaŋkir] |
| Untertasse (f) | alas cangkir | [alas tʃaŋkir] |
| Wasserglas (n) | gelas | [gelas] |
| Weinglas (n) | gelas anggur | [gelas aŋgur] |
| Kochtopf (m) | panci | [pantʃi] |

| Flasche (f) | botol | [botol] |
| Flaschenhals (m) | leher | [leher] |

| Karaffe (f) | karaf | [karaf] |
| Tonkrug (m) | kendi | [kendi] |
| Gefäß (n) | wadah | [wadah] |
| Tontopf (m) | pot | [pot] |
| Vase (f) | vas | [vas] |

| Flakon (n) | botol | [botol] |
| Fläschchen (n) | botol kecil | [botol ketʃil] |
| Tube (z.B. Zahnpasta) | tabung | [tabuŋ] |

| Sack (~ Kartoffeln) | karung | [karuŋ] |
| Tüte (z.B. Plastiktüte) | kantong | [kantoŋ] |
| Schachtel (f) (z.B. Zigaretten~) | bungkus | [buŋkus] |

| Karton (z.B. Schuhkarton) | kotak, kardus | [kotak], [kardus] |
| Kiste (z.B. Bananenkiste) | kotak | [kotaʔ] |
| Korb (m) | bakul | [bakul] |

# DIE WICHTIGSTEN VERBEN

## 13. Die wichtigsten Verben. Teil 1

| | | |
|---|---|---|
| abbiegen (nach links ~) | membelok | [membelo⁷] |
| abschicken (vt) | mengirim | [məŋirim] |
| ändern (vt) | mengubah | [məŋubah] |
| andeuten (vt) | memberi petunjuk | [memberi petundʒʲu⁷] |
| Angst haben | takut | [takut] |

| | | |
|---|---|---|
| ankommen (vi) | datang | [dataŋ] |
| antworten (vi) | menjawab | [məndʒʲawab] |
| arbeiten (vi) | bekerja | [bekerdʒʲa] |
| auf ... zählen | mengharapkan ... | [məŋharapkan ...] |
| aufbewahren (vt) | menyimpan | [mənjimpan] |

| | | |
|---|---|---|
| aufschreiben (vt) | mencatat | [məntʃatat] |
| ausgehen (vi) | keluar | [keluar] |
| aussprechen (vt) | melafalkan | [melafalkan] |
| bedauern (vt) | menyesal | [mənjesal] |
| bedeuten (vt) | berarti | [bərarti] |
| beenden (vt) | mengakhiri | [mənahiri] |

| | | |
|---|---|---|
| befehlen (Milit.) | memerintahkan | [memerintahkan] |
| befreien (Stadt usw.) | membebaskan | [membebaskan] |
| beginnen (vt) | memulai, membuka | [memulaj], [membuka] |
| bemerken (vt) | memperhatikan | [memperhatikan] |
| beobachten (vt) | mengamati | [məŋamati] |

| | | |
|---|---|---|
| berühren (vt) | menyentuh | [mənjentuh] |
| besitzen (vt) | memiliki | [memiliki] |
| besprechen (vt) | membicarakan | [membitʃarakan] |
| bestehen auf | mendesak | [məndesa⁷] |
| bestellen (im Restaurant) | memesan | [memesan] |

| | | |
|---|---|---|
| bestrafen (vt) | menghukum | [mənhukum] |
| beten (vi) | bersembahyang, berdoa | [bərsembahjaŋ], [bərdoa] |
| bitten (vt) | meminta | [meminta] |
| brechen (vt) | memecahkan | [memetʃahkan] |
| denken (vi, vt) | berpikir | [bərpikir] |

| | | |
|---|---|---|
| drohen (vi) | mengancam | [mənantʃam] |
| Durst haben | haus | [haus] |
| einladen (vt) | mengundang | [məŋundaŋ] |
| einstellen (vt) | menghentikan | [mənhentikan] |
| einwenden (vt) | keberatan | [keberatan] |
| empfehlen (vt) | merekomendasi | [merekomendasi] |

| | | |
|---|---|---|
| erklären (vt) | menjelaskan | [məndʒʲelaskan] |
| erlauben (vt) | mengizinkan | [məŋizinkan] |

| ermorden (vt) | membunuh | [membunuh] |
| erwähnen (vt) | menyebut | [mənjebut] |
| existieren (vi) | ada | [ada] |

## 14. Die wichtigsten Verben. Teil 2

| fallen (vi) | jatuh | [dʒatuh] |
| fallen lassen | tercecer | [tərtʃetʃer] |
| fangen (vt) | menangkap | [mənaŋkap] |
| finden (vt) | menemukan | [mənemukan] |
| fliegen (vi) | terbang | [tərbaŋ] |

| folgen (Folge mir!) | mengikuti … | [məŋikuti …] |
| fortsetzen (vt) | meneruskan | [məneruskan] |
| fragen (vt) | bertanya | [bərtanja] |
| frühstücken (vi) | sarapan | [sarapan] |
| geben (vt) | memberi | [memberi] |

| gefallen (vi) | suka | [suka] |
| gehen (zu Fuß gehen) | berjalan | [bərdʒalan] |
| gehören (vi) | kepunyaan … | [kepunja'an …] |
| graben (vt) | menggali | [məŋgali] |

| haben (vt) | mempunyai | [mempunjaj] |
| helfen (vi) | membantu | [membantu] |
| herabsteigen (vi) | turun | [turun] |
| hereinkommen (vi) | masuk, memasuki | [masuk], [memasuki] |

| hoffen (vi) | berharap | [bərharap] |
| hören (vt) | mendengar | [məndeŋar] |
| hungrig sein | lapar | [lapar] |
| informieren (vt) | menginformasikan | [məŋinformasikan] |
| jagen (vi) | berburu | [bərburu] |

| kennen (vt) | kenal | [kenal] |
| klagen (vi) | mengeluh | [məŋeluh] |
| können (v mod) | bisa | [bisa] |
| kontrollieren (vt) | mengontrol | [məŋontrol] |
| kosten (vt) | berharga | [bərharga] |

| kränken (vt) | menghina | [məŋhina] |
| lächeln (vi) | tersenyum | [tərsenyum] |
| lachen (vi) | tertawa | [tərtawa] |
| laufen (vi) | lari | [lari] |
| leiten (Betrieb usw.) | memimpin | [memimpin] |

| lernen (vt) | mempelajari | [mempeladʒari] |
| lesen (vi, vt) | membaca | [membatʃa] |
| lieben (vt) | mencintai | [məntʃintaj] |
| machen (vt) | membuat | [membuat] |

| mieten (Haus usw.) | menyewa | [mənjewa] |
| nehmen (vt) | mengambil | [məŋambil] |
| noch einmal sagen | mengulangi | [məŋulaŋi] |

| nötig sein | dibutuhkan | [dibutuhkan] |
| öffnen (vt) | membuka | [membuka] |

## 15. Die wichtigsten Verben. Teil 3

| planen (vt) | merencanakan | [merentʃanakan] |
| prahlen (vi) | membual | [membual] |
| raten (vt) | menasihati | [mənasihati] |
| rechnen (vt) | menghitung | [məŋhituŋ] |
| reservieren (vt) | memesan | [memesan] |

| retten (vt) | menyelamatkan | [mənjelamatkan] |
| richtig raten (vt) | menerka | [mənerka] |
| rufen (um Hilfe ~) | memanggil | [memaŋgil] |
| sagen (vt) | berkata | [bərkata] |
| schaffen (Etwas Neues zu ~) | menciptakan | [məntʃiptakan] |

| schelten (vt) | memarahi, menegur | [memarahi], [menegur] |
| schießen (vi) | menembak | [mənembaʔ] |
| schmücken (vt) | menghiasi | [məŋhiasi] |
| schreiben (vi, vt) | menulis | [mənulis] |
| schreien (vi) | berteriak | [bərteriaʔ] |

| schweigen (vi) | diam | [diam] |
| schwimmen (vi) | berenang | [bərenaŋ] |
| schwimmen gehen | berenang | [bərenaŋ] |
| sehen (vi, vt) | melihat | [melihat] |
| sein (Lehrer ~) | ialah, adalah | [ialah], [adalah] |

| sein (müde ~) | sedang | [sedaŋ] |
| sich beeilen | tergesa-gesa | [tərgesa-gesa] |
| sich entschuldigen | meminta maaf | [meminta ma'af] |

| sich interessieren | menaruh minat pada ... | [mənaruh minat pada ...] |
| sich irren | salah | [salah] |
| sich setzen | duduk | [duduʔ] |
| sich weigern | menolak | [mənolaʔ] |
| spielen (vi, vt) | bermain | [bərmajn] |

| sprechen (vi) | berbicara | [bərbitʃara] |
| staunen (vi) | heran | [heran] |
| stehlen (vt) | mencuri | [məntʃuri] |
| stoppen (vt) | berhenti | [bərhenti] |
| suchen (vt) | mencari ... | [məntʃari ...] |

## 16. Die wichtigsten Verben. Teil 4

| täuschen (vt) | menipu | [mənipu] |
| teilnehmen (vi) | turut serta | [turut serta] |
| übersetzen (Buch usw.) | menerjemahkan | [mənerdʒemahkan] |
| unterschätzen (vt) | meremehkan | [meremehkan] |
| unterschreiben (vt) | menandatangani | [mənandataŋani] |

| vereinigen (vt) | menyatukan | [mənjatukan] |
| vergessen (vt) | melupakan | [melupakan] |
| vergleichen (vt) | membandingkan | [membandiŋkan] |
| verkaufen (vt) | menjual | [mənʤʲual] |
| verlangen (vt) | menuntut | [mənuntut] |

| versäumen (vt) | absen | [absen] |
| versprechen (vt) | berjanji | [bərʤʲanʤi] |
| verstecken (vt) | menyembunyikan | [mənjembunjikan] |
| verstehen (vt) | mengerti | [məŋerti] |
| versuchen (vt) | mencoba | [mənʧoba] |

| verteidigen (vt) | membela | [membela] |
| vertrauen (vi) | mempercayai | [mempərʧajaj] |
| verwechseln (vt) | bingung membedakan | [biŋuŋ membedakan] |
| verzeihen (vi, vt) | memaafkan | [mema'afkan] |
| verzeihen (vt) | memaafkan | [mema'afkan] |
| voraussehen (vt) | menduga | [mənduga] |

| vorschlagen (vt) | mengusulkan | [məŋusulkan] |
| vorziehen (vt) | lebih suka | [lebih suka] |
| wählen (vt) | memilih | [memilih] |
| warnen (vt) | memperingatkan | [mempəriŋatkan] |
| warten (vi) | menunggu | [mənuŋgu] |
| weinen (vi) | menangis | [mənaŋis] |

| wissen (vt) | tahu | [tahu] |
| Witz machen | bergurau | [bərgurau] |
| wollen (vt) | mau, ingin | [mau], [iŋin] |
| zahlen (vt) | membayar | [membajar] |
| zeigen (jemandem etwas) | menunjukkan | [mənunʤʲu'kan] |

| zu Abend essen | makan malam | [makan malam] |
| zu Mittag essen | makan siang | [makan siaŋ] |
| zubereiten (vt) | memasak | [memasa'] |
| zustimmen (vi) | setuju | [setuʤʲu] |
| zweifeln (vi) | ragu-ragu | [ragu-ragu] |

# ZEIT. KALENDER

## 17. Wochentage

| | | |
|---|---|---|
| Montag (m) | Hari Senin | [hari senin] |
| Dienstag (m) | Hari Selasa | [hari selasa] |
| Mittwoch (m) | Hari Rabu | [hari rabu] |
| Donnerstag (m) | Hari Kamis | [hari kamis] |
| Freitag (m) | Hari Jumat | [hari dʒ¡umat] |
| Samstag (m) | Hari Sabtu | [hari sabtu] |
| Sonntag (m) | Hari Minggu | [hari miŋgu] |
| | | |
| heute | hari ini | [hari ini] |
| morgen | besok | [beso'] |
| übermorgen | besok lusa | [beso' lusa] |
| gestern | kemarin | [kemarin] |
| vorgestern | kemarin dulu | [kemarin dulu] |
| | | |
| Tag (m) | hari | [hari] |
| Arbeitstag (m) | hari kerja | [hari kerdʒ¡a] |
| Feiertag (m) | hari libur | [hari libur] |
| freier Tag (m) | hari libur | [hari libur] |
| Wochenende (n) | akhir pekan | [ahir pekan] |
| | | |
| den ganzen Tag | seharian | [seharian] |
| am nächsten Tag | hari berikutnya | [hari berikutnja] |
| zwei Tage vorher | dua hari lalu | [dua hari lalu] |
| am Vortag | hari sebelumnya | [hari sebelumnja] |
| täglich (Adj) | harian | [harian] |
| täglich (Adv) | tiap hari | [tiap hari] |
| | | |
| Woche (f) | minggu | [miŋgu] |
| letzte Woche | minggu lalu | [miŋgu lalu] |
| nächste Woche | minggu berikutnya | [miŋgu berikutnja] |
| wöchentlich (Adj) | mingguan | [miŋguan] |
| wöchentlich (Adv) | tiap minggu | [tiap miŋgu] |
| zweimal pro Woche | dua kali seminggu | [dua kali semiŋgu] |
| jeden Dienstag | tiap Hari Selasa | [tiap hari selasa] |

## 18. Stunden. Tag und Nacht

| | | |
|---|---|---|
| Morgen (m) | pagi | [pagi] |
| morgens | pada pagi hari | [pada pagi hari] |
| Mittag (m) | tengah hari | [teŋah hari] |
| nachmittags | pada sore hari | [pada sore hari] |
| | | |
| Abend (m) | sore, malam | [sore], [malam] |
| abends | waktu sore | [waktu sore] |

| Nacht (f) | malam | [malam] |
|---|---|---|
| nachts | pada malam hari | [pada malam hari] |
| Mitternacht (f) | tengah malam | [teŋah malam] |

| Sekunde (f) | detik | [deti'] |
|---|---|---|
| Minute (f) | menit | [menit] |
| Stunde (f) | jam | [dʒʲam] |
| eine halbe Stunde | setengah jam | [seteŋah dʒʲam] |
| Viertelstunde (f) | seperempat jam | [seperempat dʒʲam] |
| fünfzehn Minuten | lima belas menit | [lima belas menit] |
| Tag und Nacht | siang-malam | [siaŋ-malam] |

| Sonnenaufgang (m) | matahari terbit | [matahari tərbit] |
|---|---|---|
| Morgendämmerung (f) | subuh | [subuh] |
| früher Morgen (m) | dini pagi | [dini pagi] |
| Sonnenuntergang (m) | matahari terbenam | [matahari tərbenam] |

| früh am Morgen | pagi-pagi | [pagi-pagi] |
|---|---|---|
| heute Morgen | pagi ini | [pagi ini] |
| morgen früh | besok pagi | [beso' pagi] |

| heute Mittag | sore ini | [sore ini] |
|---|---|---|
| nachmittags | pada sore hari | [pada sore hari] |
| morgen Nachmittag | besok sore | [beso' sore] |

| heute Abend | sore ini | [sore ini] |
|---|---|---|
| morgen Abend | besok malam | [beso' malam] |

| Punkt drei Uhr | pukul 3 tepat | [pukul tiga tepat] |
|---|---|---|
| gegen vier Uhr | sekitar pukul 4 | [sekitar pukul empat] |
| um zwölf Uhr | pada pukul 12 | [pada pukul belas] |

| in zwanzig Minuten | dalam 20 menit | [dalam dua puluh menit] |
|---|---|---|
| in einer Stunde | dalam satu jam | [dalam satu dʒʲam] |
| rechtzeitig (Adv) | tepat waktu | [tepat waktu] |

| Viertel vor ... | ... kurang seperempat | [... kuraŋ seperempat] |
|---|---|---|
| innerhalb einer Stunde | selama sejam | [selama sedʒʲam] |
| alle fünfzehn Minuten | tiap 15 menit | [tiap lima belas menit] |
| Tag und Nacht | siang-malam | [siaŋ-malam] |

## 19. Monate. Jahreszeiten

| Januar (m) | Januari | [dʒʲanuari] |
|---|---|---|
| Februar (m) | Februari | [februari] |
| März (m) | Maret | [maret] |
| April (m) | April | [april] |
| Mai (m) | Mei | [mei] |
| Juni (m) | Juni | [dʒʲuni] |

| Juli (m) | Juli | [dʒʲuli] |
|---|---|---|
| August (m) | Augustus | [augustus] |
| September (m) | September | [september] |
| Oktober (m) | Oktober | [oktober] |

| | | |
|---|---|---|
| November (m) | **November** | [november] |
| Dezember (m) | **Desember** | [desember] |
| | | |
| Frühling (m) | **musim semi** | [musim semi] |
| im Frühling | **pada musim semi** | [pada musim semi] |
| Frühlings- | **musim semi** | [musim semi] |
| | | |
| Sommer (m) | **musim panas** | [musim panas] |
| im Sommer | **pada musim panas** | [pada musim panas] |
| Sommer- | **musim panas** | [musim panas] |
| | | |
| Herbst (m) | **musim gugur** | [musim gugur] |
| im Herbst | **pada musim gugur** | [pada musim gugur] |
| Herbst- | **musim gugur** | [musim gugur] |
| | | |
| Winter (m) | **musim dingin** | [musim diŋin] |
| im Winter | **pada musim dingin** | [pada musim diŋin] |
| Winter- | **musim dingin** | [musim diŋin] |
| | | |
| Monat (m) | **bulan** | [bulan] |
| in diesem Monat | **bulan ini** | [bulan ini] |
| nächsten Monat | **bulan depan** | [bulan depan] |
| letzten Monat | **bulan lalu** | [bulan lalu] |
| vor einem Monat | **sebulan lalu** | [sebulan lalu] |
| über eine Monat | **dalam satu bulan** | [dalam satu bulan] |
| in zwei Monaten | **dalam 2 bulan** | [dalam dua bulan] |
| den ganzen Monat | **sebulan penuh** | [sebulan penuh] |
| | | |
| monatlich (Adj) | **bulanan** | [bulanan] |
| monatlich (Adv) | **tiap bulan** | [tiap bulan] |
| jeden Monat | **tiap bulan** | [tiap bulan] |
| zweimal pro Monat | **dua kali sebulan** | [dua kali sebulan] |
| | | |
| Jahr (n) | **tahun** | [tahun] |
| dieses Jahr | **tahun ini** | [tahun ini] |
| nächstes Jahr | **tahun depan** | [tahun depan] |
| voriges Jahr | **tahun lalu** | [tahun lalu] |
| | | |
| vor einem Jahr | **setahun lalu** | [setahun lalu] |
| in einem Jahr | **dalam satu tahun** | [dalam satu tahun] |
| in zwei Jahren | **dalam 2 tahun** | [dalam dua tahun] |
| das ganze Jahr | **setahun penuh** | [setahun penuh] |
| | | |
| jedes Jahr | **tiap tahun** | [tiap tahun] |
| jährlich (Adj) | **tahunan** | [tahunan] |
| jährlich (Adv) | **tiap tahun** | [tiap tahun] |
| viermal pro Jahr | **empat kali setahun** | [empat kali setahun] |
| | | |
| Datum (heutige ~) | **tanggal** | [taŋgal] |
| Datum (Geburts-) | **tanggal** | [taŋgal] |
| Kalender (m) | **kalender** | [kalender] |
| | | |
| ein halbes Jahr | **setengah tahun** | [seteŋah tahun] |
| Halbjahr (n) | **enam bulan** | [enam bulan] |
| Saison (f) | **musim** | [musim] |
| Jahrhundert (n) | **abad** | [abad] |

# REISEN. HOTEL

## 20. Ausflug. Reisen

| | | |
|---|---|---|
| Tourismus (m) | pariwisata | [pariwisata] |
| Tourist (m) | turis, wisatawan | [turis], [wisatawan] |
| Reise (f) | pengembaraan | [peŋembara'an] |
| Abenteuer (n) | petualangan | [petualaŋan] |
| Fahrt (f) | perjalanan, lawatan | [perdʒ'alanan], [lawatan] |

| | | |
|---|---|---|
| Urlaub (m) | liburan | [liburan] |
| auf Urlaub sein | berlibur | [berlibur] |
| Erholung (f) | istirahat | [istirahat] |

| | | |
|---|---|---|
| Zug (m) | kereta api | [kereta api] |
| mit dem Zug | naik kereta api | [nai' kereta api] |
| Flugzeug (n) | pesawat terbang | [pesawat terbaŋ] |
| mit dem Flugzeug | naik pesawat terbang | [nai' pesawat terbaŋ] |
| mit dem Auto | naik mobil | [nai' mobil] |
| mit dem Schiff | naik kapal | [nai' kapal] |

| | | |
|---|---|---|
| Gepäck (n) | bagasi | [bagasi] |
| Koffer (m) | koper | [koper] |
| Gepäckwagen (m) | troli bagasi | [troli bagasi] |

| | | |
|---|---|---|
| Pass (m) | paspor | [paspor] |
| Visum (n) | visa | [visa] |
| Fahrkarte (f) | tiket | [tiket] |
| Flugticket (n) | tiket pesawat terbang | [tiket pesawat terbaŋ] |

| | | |
|---|---|---|
| Reiseführer (m) | buku pedoman | [buku pedoman] |
| Landkarte (f) | peta | [peta] |
| Gegend (f) | kawasan | [kawasan] |
| Ort (wunderbarer ~) | tempat | [tempat] |

| | | |
|---|---|---|
| Exotika (pl) | keeksotisan | [keeksotisan] |
| exotisch | eksotis | [eksotis] |
| erstaunlich (Adj) | menakjubkan | [menakdʒ'ubkan] |

| | | |
|---|---|---|
| Gruppe (f) | kelompok | [kelompo'] |
| Ausflug (m) | ekskursi | [ekskursi] |
| Reiseleiter (m) | pemandu wisata | [pemandu wisata] |

## 21. Hotel

| | | |
|---|---|---|
| Hotel (n), Gasthaus (n) | hotel | [hotel] |
| Motel (n) | motel | [motel] |
| drei Sterne | bintang tiga | [bintaŋ tiga] |

| fünf Sterne | bintang lima | [bintaŋ lima] |
| absteigen (vi) | menginap | [məŋinap] |

| Hotelzimmer (n) | kamar | [kamar] |
| Einzelzimmer (n) | kamar tunggal | [kamar tuŋgal] |
| Zweibettzimmer (n) | kamar ganda | [kamar ganda] |
| reservieren (vt) | memesan kamar | [memesan kamar] |

| Halbpension (f) | sewa setengah | [sewa seteŋah] |
| Vollpension (f) | sewa penuh | [sewa penuh] |

| mit Bad | dengan kamar mandi | [deŋan kamar mandi] |
| mit Dusche | dengan pancuran | [deŋan pantʃuran] |
| Satellitenfernsehen (n) | televisi satelit | [televisi satelit] |
| Klimaanlage (f) | penyejuk udara | [penjeʤʲu' udara] |
| Handtuch (n) | handuk | [handu'] |
| Schlüssel (m) | kunci | [kuntʃi] |

| Verwalter (m) | administrator | [administrator] |
| Zimmermädchen (n) | pelayan kamar | [pelajan kamar] |
| Träger (m) | porter | [porter] |
| Portier (m) | pramupintu | [pramupintu] |

| Restaurant (n) | restoran | [restoran] |
| Bar (f) | bar | [bar] |
| Frühstück (n) | makan pagi, sarapan | [makan pagi], [sarapan] |
| Abendessen (n) | makan malam | [makan malam] |
| Buffet (n) | prasmanan | [prasmanan] |

| Foyer (n) | lobi | [lobi] |
| Aufzug (m), Fahrstuhl (m) | elevator | [elevator] |

| BITTE NICHT STÖREN! | JANGAN MENGGANGGU | [ʤʲaŋan məŋgaŋgu] |
| RAUCHEN VERBOTEN! | DILARANG MEROKOK! | [dilaraŋ meroko'!] |

## 22. Sehenswürdigkeiten

| Denkmal (n) | monumen, patung | [monumen], [patuŋ] |
| Festung (f) | benteng | [benteŋ] |
| Palast (m) | istana | [istana] |
| Schloss (n) | kastil | [kastil] |
| Turm (m) | menara | [mənara] |
| Mausoleum (n) | mausoleum | [mausoleum] |

| Architektur (f) | arsitektur | [arsitektur] |
| mittelalterlich | abad pertengahan | [abad pərteŋahan] |
| alt (antik) | kuno | [kuno] |
| national | nasional | [nasional] |
| berühmt | terkenal | [tərkenal] |

| Tourist (m) | turis, wisatawan | [turis], [wisatawan] |
| Fremdenführer (m) | pemandu wisata | [pemandu wisata] |
| Ausflug (m) | ekskursi | [ekskursi] |
| zeigen (vt) | menunjukkan | [mənunʤʲu'kan] |

| erzählen (vt) | menceritakan | [mentʃeritakan] |
| finden (vt) | mendapatkan | [mǝndapatkan] |
| sich verlieren | tersesat | [tǝrsesat] |
| Karte (U-Bahn ~) | denah | [denah] |
| Karte (Stadt-) | peta | [peta] |

| Souvenir (n) | suvenir | [suvenir] |
| Souvenirladen (m) | toko suvenir | [toko suvenir] |
| fotografieren (vt) | memotret | [memotret] |
| sich fotografieren | berfoto | [bǝrfoto] |

# TRANSPORT

## 23. Flughafen

| Flughafen (m) | bandara | [bandara] |
|---|---|---|
| Flugzeug (n) | pesawat terbang | [pesawat tərbaŋ] |
| Fluggesellschaft (f) | maskapai penerbangan | [maskapaj penerbaŋan] |
| Fluglotse (m) | pengawas lalu lintas udara | [peŋawas lalu lintas udara] |
| | | |
| Abflug (m) | keberangkatan | [keberaŋkatan] |
| Ankunft (f) | kedatangan | [kedataŋan] |
| anfliegen (vi) | datang | [dataŋ] |
| | | |
| Abflugzeit (f) | waktu keberangkatan | [waktu keberaŋkatan] |
| Ankunftszeit (f) | waktu kedatangan | [waktu kedataŋan] |
| | | |
| sich verspäten | terlambat | [tərlambat] |
| Abflugverspätung (f) | penundaan penerbangan | [penunda'an penerbaŋan] |
| | | |
| Anzeigetafel (f) | papan informasi | [papan informasi] |
| Information (f) | informasi | [informasi] |
| ankündigen (vt) | mengumumkan | [məŋumumkan] |
| Flug (m) | penerbangan | [penerbaŋan] |
| | | |
| Zollamt (n) | pabean | [pabean] |
| Zollbeamter (m) | petugas pabean | [petugas pabean] |
| | | |
| Zolldeklaration (f) | pernyataan pabean | [pərnjata'an pabean] |
| ausfüllen (vt) | mengisi | [məŋisi] |
| die Zollerklärung ausfüllen | mengisi formulir bea cukai | [məŋisi formulir bea ʧukaj] |
| Passkontrolle (f) | pemeriksaan paspor | [pemeriksa'an paspor] |
| | | |
| Gepäck (n) | bagasi | [bagasi] |
| Handgepäck (n) | jinjingan | [dʒindʒiŋan] |
| Kofferkuli (m) | troli bagasi | [troli bagasi] |
| | | |
| Landung (f) | pendaratan | [pendaratan] |
| Landebahn (f) | jalur pendaratan | [dʒ'alur pendaratan] |
| landen (vi) | mendarat | [mendarat] |
| Fluggasttreppe (f) | tangga pesawat | [taŋga pesawat] |
| | | |
| Check-in (n) | check-in | [ʧekin] |
| Check-in-Schalter (m) | meja check-in | [medʒ'a ʧekin] |
| sich registrieren lassen | check-in | [ʧekin] |
| Bordkarte (f) | kartu pas | [kartu pas] |
| Abfluggate (n) | gerbang keberangkatan | [gerbaŋ keberaŋkatan] |
| | | |
| Transit (m) | transit | [transit] |
| warten (vi) | menunggu | [mənuŋgu] |
| Wartesaal (m) | ruang tunggu | [ruaŋ tuŋgu] |

| begleiten (vt) | mengantar | [məŋantar] |
| sich verabschieden | berpamitan | [bərpamitan] |

## 24. Flugzeug

| Flugzeug (n) | pesawat terbang | [pesawat tərbaŋ] |
| Flugticket (n) | tiket pesawat terbang | [tiket pesawat tərbaŋ] |
| Fluggesellschaft (f) | maskapai penerbangan | [maskapaj penerbaŋan] |
| Flughafen (m) | bandara | [bandara] |
| Überschall- | supersonik | [supersoniʔ] |

| Flugkapitän (m) | kapten | [kapten] |
| Besatzung (f) | awak | [awaʔ] |
| Pilot (m) | pilot | [pilot] |
| Flugbegleiterin (f) | pramugari | [pramugari] |
| Steuermann (m) | navigator, penavigasi | [navigator], [penavigasi] |

| Flügel (pl) | sayap | [sajap] |
| Schwanz (m) | ekor | [ekor] |
| Kabine (f) | kokpit | [kokpit] |
| Motor (m) | mesin | [mesin] |
| Fahrgestell (n) | roda pendarat | [roda pendarat] |
| Turbine (f) | turbin | [turbin] |
| Propeller (m) | baling-baling | [baliŋ-baliŋ] |
| Flugschreiber (m) | kotak hitam | [kotaʔ hitam] |
| Steuerrad (n) | kemudi | [kemudi] |
| Treibstoff (m) | bahan bakar | [bahan bakar] |

| Sicherheitskarte (f) | instruksi keselamatan | [instruksi keselamatan] |
| Sauerstoffmaske (f) | masker oksigen | [masker oksigen] |
| Uniform (f) | seragam | [seragam] |
| Rettungsweste (f) | jaket pelampung | [dʒˈaket pelampuŋ] |
| Fallschirm (m) | parasut | [parasut] |
| Abflug, Start (m) | lepas landas | [lepas landas] |
| starten (vi) | bertolak | [bertolaʔ] |
| Startbahn (f) | jalur lepas landas | [dʒˈalur lepas landas] |

| Sicht (f) | visibilitas, pandangan | [visibilitas], [pandaŋan] |
| Flug (m) | penerbangan | [penerbaŋan] |
| Höhe (f) | ketinggian | [ketiŋgian] |
| Luftloch (n) | lubang udara | [lubaŋ udara] |

| Platz (m) | tempat duduk | [tempat duduʔ] |
| Kopfhörer (m) | headphone, fonkepala | [headphone], [fonkepala] |
| Klapptisch (m) | meja lipat | [medʒˈa lipat] |
| Bullauge (n) | jendela pesawat | [dʒˈendela pesawat] |
| Durchgang (m) | lorong | [loroŋ] |

## 25. Zug

| Zug (m) | kereta api | [kereta api] |
| elektrischer Zug (m) | kereta api listrik | [kereta api listriʔ] |

| Schnellzug (m) | kereta api cepat | [kereta api ʧepat] |
| Diesellok (f) | lokomotif diesel | [lokomotif disel] |
| Dampflok (f) | lokomotif uap | [lokomotif uap] |

| Personenwagen (m) | gerbong penumpang | [gerboŋ penumpaŋ] |
| Speisewagen (m) | gerbong makan | [gerboŋ makan] |

| Schienen (pl) | rel | [rel] |
| Eisenbahn (f) | rel kereta api | [rel kereta api] |
| Bahnschwelle (f) | bantalan rel | [bantalan rel] |

| Bahnsteig (m) | platform | [platform] |
| Gleis (n) | jalur | [dʒʲalur] |
| Eisenbahnsignal (n) | semafor | [semafor] |
| Station (f) | stasiun | [stasiun] |
| Lokomotivführer (m) | masinis | [masinis] |
| Träger (m) | porter | [porter] |
| Schaffner (m) | kondektur | [kondektur] |
| Fahrgast (m) | penumpang | [penumpaŋ] |
| Fahrkartenkontrolleur (m) | kondektur | [kondektur] |

| Flur (m) | koridor | [koridor] |
| Notbremse (f) | rem darurat | [rem darurat] |

| Abteil (n) | kabin | [kabin] |
| Liegeplatz (m), Schlafkoje (f) | bangku | [baŋku] |
| oberer Liegeplatz (m) | bangku atas | [baŋku atas] |
| unterer Liegeplatz (m) | bangku bawah | [baŋku bawah] |
| Bettwäsche (f) | kain kasur | [kain kasur] |
| Fahrkarte (f) | tiket | [tiket] |
| Fahrplan (m) | jadwal | [dʒʲadwal] |
| Anzeigetafel (f) | layar informasi | [lajar informasi] |

| abfahren (der Zug) | berangkat | [beraŋkat] |
| Abfahrt (f) | keberangkatan | [keberaŋkatan] |
| ankommen (der Zug) | datang | [dataŋ] |
| Ankunft (f) | kedatangan | [kedataŋan] |

| mit dem Zug kommen | datang naik kereta api | [dataŋ najʔ kereta api] |
| in den Zug einsteigen | naik ke kereta | [naiʔ ke kereta] |
| aus dem Zug aussteigen | turun dari kereta | [turun dari kereta] |

| Zugunglück (n) | kecelakaan kereta | [keʧelakaʔan kereta] |
| entgleisen (vi) | keluar rel | [keluar rel] |

| Dampflok (f) | lokomotif uap | [lokomotif uap] |
| Heizer (m) | juru api | [dʒʲuru api] |
| Feuerbüchse (f) | tungku | [tuŋku] |
| Kohle (f) | batu bara | [batu bara] |

## 26. Schiff

| Schiff (n) | kapal | [kapal] |
| Fahrzeug (n) | kapal | [kapal] |

| Dampfer (m) | kapal uap | [kapal uap] |
| Motorschiff (n) | kapal api | [kapal api] |
| Kreuzfahrtschiff (n) | kapal laut | [kapal laut] |
| Kreuzer (m) | kapal penjelajah | [kapal pendʒieladʒiah] |

| Jacht (f) | perahu pesiar | [pərahu pesiar] |
| Schlepper (m) | kapal tunda | [kapal tunda] |
| Lastkahn (m) | tongkang | [toŋkaŋ] |
| Fähre (f) | feri | [feri] |

| Segelschiff (n) | kapal layar | [kapal lajar] |
| Brigantine (f) | kapal brigantin | [kapal brigantin] |

| Eisbrecher (m) | kapal pemecah es | [kapal pemetʃah es] |
| U-Boot (n) | kapal selam | [kapal selam] |

| Boot (n) | perahu | [pərahu] |
| Dingi (n), Beiboot (n) | sekoci | [sekotʃi] |
| Rettungsboot (n) | sekoci penyelamat | [sekotʃi penjelamat] |
| Motorboot (n) | perahu motor | [pərahu motor] |

| Kapitän (m) | kapten | [kapten] |
| Matrose (m) | kelasi | [kelasi] |
| Seemann (m) | pelaut | [pelaut] |
| Besatzung (f) | awak | [awaʔ] |

| Bootsmann (m) | bosman, bosun | [bosman], [bosun] |
| Schiffsjunge (m) | kadet laut | [kadet laut] |
| Schiffskoch (m) | koki | [koki] |
| Schiffsarzt (m) | dokter kapal | [dokter kapal] |

| Deck (n) | dek | [deʔ] |
| Mast (m) | tiang | [tiaŋ] |
| Segel (n) | layar | [lajar] |

| Schiffsraum (m) | lambung kapal | [lambuŋ kapal] |
| Bug (m) | haluan | [haluan] |
| Heck (n) | buritan | [buritan] |
| Ruder (n) | dayung | [dajuŋ] |
| Schraube (f) | baling-baling | [baliŋ-baliŋ] |

| Kajüte (f) | kabin | [kabin] |
| Messe (f) | ruang rekreasi | [ruaŋ rekreasi] |
| Maschinenraum (m) | ruang mesin | [ruaŋ mesin] |
| Kommandobrücke (f) | anjungan kapal | [andʒiuŋan kapal] |
| Funkraum (m) | ruang radio | [ruaŋ radio] |
| Radiowelle (f) | gelombang radio | [gelombaŋ radio] |
| Schiffstagebuch (n) | buku harian kapal | [buku harian kapal] |

| Fernrohr (n) | teropong | [təropoŋ] |
| Glocke (f) | lonceng | [lontʃeŋ] |
| Fahne (f) | bendera | [bendera] |

| Seil (n) | tali | [tali] |
| Knoten (m) | simpul | [simpul] |
| Geländer (n) | pegangan | [pegaŋan] |

| Treppe (f) | tangga kapal | [taŋga kapal] |
| Anker (m) | jangkar | [dʒʲaŋkar] |
| den Anker lichten | mengangkat jangkar | [məŋaŋkat dʒʲaŋkar] |
| Anker werfen | menjatuhkan jangkar | [məndʒʲatuhkan dʒʲaŋkar] |
| Ankerkette (f) | rantai jangkar | [rantaj dʒʲaŋkar] |

| Hafen (m) | pelabuhan | [pelabuhan] |
| Anlegestelle (f) | dermaga | [dermaga] |
| anlegen (vi) | merapat | [merapat] |
| abstoßen (vt) | bertolak | [bərtolaʔ] |

| Reise (f) | pengembaraan | [peɲembaraʔan] |
| Kreuzfahrt (f) | pesiar | [pesiar] |
| Kurs (m), Richtung (f) | haluan | [haluan] |
| Reiseroute (f) | rute | [rute] |

| Untiefe (f) | beting | [betiŋ] |
| stranden (vi) | kandas | [kandas] |

| Sturm (m) | badai | [badaj] |
| Signal (n) | sinyal | [sinjal] |
| untergehen (vi) | tenggelam | [teŋgelam] |
| Mann über Bord! | Orang hanyut! | [oraŋ hanyut!] |
| SOS | SOS | [es-o-es] |
| Rettungsring (m) | pelampung penyelamat | [pelampuŋ penjelamat] |

# STADT

## 27. Innerstädtischer Transport

| | | |
|---|---|---|
| Bus (m) | bus | [bus] |
| Straßenbahn (f) | trem | [trem] |
| Obus (m) | bus listrik | [bus listri'] |
| Linie (f) | trayek | [trae'] |
| Nummer (f) | nomor | [nomor] |

| | | |
|---|---|---|
| mit ... fahren | naik ... | [nai' ...] |
| einsteigen (vi) | naik | [nai'] |
| aussteigen (aus dem Bus) | turun ... | [turun ...] |

| | | |
|---|---|---|
| Haltestelle (f) | halte, pemberhentian | [halte], [pemberhentian] |
| nächste Haltestelle (f) | halte berikutnya | [halte bərikutnja] |
| Endhaltestelle (f) | halte terakhir | [halte tərahir] |
| Fahrplan (m) | jadwal | [dʒadwal] |
| warten (vi, vt) | menunggu | [mənuŋgu] |

| | | |
|---|---|---|
| Fahrkarte (f) | tiket | [tiket] |
| Fahrpreis (m) | harga karcis | [harga kartʃis] |
| Kassierer (m) | kasir | [kasir] |
| Fahrkartenkontrolle (f) | pemeriksaan tiket | [pemeriksa'an tiket] |
| Fahrkartenkontrolleur (m) | kondektur | [kondektur] |

| | | |
|---|---|---|
| sich verspäten | terlambat ... | [tərlambat ...] |
| versäumen (Zug usw.) | ketinggalan | [ketiŋgalan] |
| sich beeilen | tergesa-gesa | [tərgesa-gesa] |

| | | |
|---|---|---|
| Taxi (n) | taksi | [taksi] |
| Taxifahrer (m) | sopir taksi | [sopir taksi] |
| mit dem Taxi | naik taksi | [nai' taksi] |
| Taxistand (m) | pangkalan taksi | [paŋkalan taksi] |
| ein Taxi rufen | memanggil taksi | [memaŋgil taksi] |
| ein Taxi nehmen | menaiki taksi | [mənajki taksi] |

| | | |
|---|---|---|
| Straßenverkehr (m) | lalu lintas | [lalu lintas] |
| Stau (m) | kemacetan lalu lintas | [kematʃetan lalu lintas] |
| Hauptverkehrszeit (f) | jam sibuk | [dʒam sibu'] |
| parken (vi) | parkir | [parkir] |
| parken (vt) | memarkir | [memarkir] |
| Parkplatz (m) | tempat parkir | [tempat parkir] |

| | | |
|---|---|---|
| U-Bahn (f) | kereta api bawah tanah | [kereta api bawah tanah] |
| Station (f) | stasiun | [stasiun] |
| mit der U-Bahn fahren | naik kereta api bawah tanah | [nai' kereta api bawah tanah] |
| Zug (m) | kereta api | [kereta api] |
| Bahnhof (m) | stasiun kereta api | [stasiun kereta api] |

## 28. Stadt. Leben in der Stadt

| | | |
|---|---|---|
| Stadt (f) | kota | [kota] |
| Hauptstadt (f) | ibu kota | [ibu kota] |
| Dorf (n) | desa | [desa] |
| | | |
| Stadtplan (m) | peta kota | [peta kota] |
| Stadtzentrum (n) | pusat kota | [pusat kota] |
| Vorort (m) | pinggir kota | [piŋgir kota] |
| Vorort- | pinggir kota | [piŋgir kota] |
| | | |
| Stadtrand (m) | pinggir | [piŋgir] |
| Umgebung (f) | daerah sekitarnya | [daerah sekitarnja] |
| Stadtviertel (n) | blok | [bloʔ] |
| Wohnblock (m) | blok perumahan | [bloʔ pərumahan] |
| | | |
| Straßenverkehr (m) | lalu lintas | [lalu lintas] |
| Ampel (f) | lampu lalu lintas | [lampu lalu lintas] |
| Stadtverkehr (m) | angkot | [aŋkot] |
| Straßenkreuzung (f) | persimpangan | [pərsimpaŋan] |
| | | |
| Übergang (m) | penyeberangan | [penjeberaŋan] |
| Fußgängerunterführung (f) | terowongan penyeberangan | [tərowoŋan penjeberaŋan] |
| überqueren (vt) | menyeberang | [mənjeberaŋ] |
| Fußgänger (m) | pejalan kaki | [pedʒ'alan kaki] |
| Gehweg (m) | trotoar | [trotoar] |
| | | |
| Brücke (f) | jembatan | [dʒ'embatan] |
| Kai (m) | tepi sungai | [tepi suŋaj] |
| Springbrunnen (m) | air mancur | [air mantʃur] |
| | | |
| Allee (f) | jalan kecil | [dʒ'alan ketʃil] |
| Park (m) | taman | [taman] |
| Boulevard (m) | bulevar, adimarga | [bulevar], [adimarga] |
| Platz (m) | lapangan | [lapaŋan] |
| Avenue (f) | jalan raya | [dʒ'alan raja] |
| Straße (f) | jalan | [dʒ'alan] |
| Gasse (f) | gang | [gaŋ] |
| Sackgasse (f) | jalan buntu | [dʒ'alan buntu] |
| | | |
| Haus (n) | rumah | [rumah] |
| Gebäude (n) | gedung | [geduŋ] |
| Wolkenkratzer (m) | pencakar langit | [pentʃakar laŋit] |
| | | |
| Fassade (f) | bagian depan | [bagian depan] |
| Dach (n) | atap | [atap] |
| Fenster (n) | jendela | [dʒ'endela] |
| Bogen (m) | lengkungan | [leŋkuŋan] |
| Säule (f) | pilar | [pilar] |
| Ecke (f) | sudut | [sudut] |
| | | |
| Schaufenster (n) | etalase | [etalase] |
| Firmenschild (n) | papan nama | [papan nama] |
| Anschlag (m) | poster | [poster] |

| Werbeposter (m) | poster iklan | [poster iklan] |
| Werbeschild (n) | papan iklan | [papan iklan] |

| Müll (m) | sampah | [sampah] |
| Mülleimer (m) | tong sampah | [toŋ sampah] |
| Abfall wegwerfen | menyampah | [mənjampah] |
| Mülldeponie (f) | tempat pemrosesan akhir (TPA) | [tempat pemrosesan ahir] |

| Telefonzelle (f) | gardu telepon umum | [gardu telepon umum] |
| Straßenlaterne (f) | tiang lampu | [tiaŋ lampu] |
| Bank (Park-) | bangku | [baŋku] |

| Polizist (m) | polisi | [polisi] |
| Polizei (f) | polisi, kepolisian | [polisi], [kepolisian] |
| Bettler (m) | pengemis | [peŋemis] |
| Obdachlose (m) | tuna wisma | [tuna wisma] |

## 29. Innerstädtische Einrichtungen

| Laden (m) | toko | [toko] |
| Apotheke (f) | apotek, toko obat | [apotek], [toko obat] |
| Optik (f) | optik | [opti'] |
| Einkaufszentrum (n) | toserba | [toserba] |
| Supermarkt (m) | pasar swalayan | [pasar swalajan] |

| Bäckerei (f) | toko roti | [toko roti] |
| Bäcker (m) | pembuat roti | [pembuat roti] |
| Konditorei (f) | toko kue | [toko kue] |
| Lebensmittelladen (m) | toko pangan | [toko paŋan] |
| Metzgerei (f) | toko daging | [toko dagiŋ] |

| Gemüseladen (m) | toko sayur | [toko sajur] |
| Markt (m) | pasar | [pasar] |

| Kaffeehaus (n) | warung kopi | [waruŋ kopi] |
| Restaurant (n) | restoran | [restoran] |
| Bierstube (f) | kedai bir | [kedaj bir] |
| Pizzeria (f) | kedai piza | [kedaj piza] |

| Friseursalon (m) | salon rambut | [salon rambut] |
| Post (f) | kantor pos | [kantor pos] |
| chemische Reinigung (f) | penatu kimia | [penatu kimia] |
| Fotostudio (n) | studio foto | [studio foto] |

| Schuhgeschäft (n) | toko sepatu | [toko sepatu] |
| Buchhandlung (f) | toko buku | [toko buku] |
| Sportgeschäft (n) | toko alat olahraga | [toko alat olahraga] |

| Kleiderreparatur (f) | reparasi pakaian | [reparasi pakajan] |
| Bekleidungsverleih (m) | rental pakaian | [rental pakajan] |
| Videothek (f) | rental film | [rental film] |
| Zirkus (m) | sirkus | [sirkus] |
| Zoo (m) | kebun binatang | [kebun binataŋ] |

| Kino (n) | bioskop | [bioskop] |
| Museum (n) | museum | [museum] |
| Bibliothek (f) | perpustakaan | [pərpustaka'an] |

| Theater (n) | teater | [teater] |
| Opernhaus (n) | opera | [opera] |
| Nachtklub (m) | klub malam | [klub malam] |
| Kasino (n) | kasino | [kasino] |

| Moschee (f) | masjid | [masdʒid] |
| Synagoge (f) | sinagoga, kanisah | [sinagoga], [kanisah] |
| Kathedrale (f) | katedral | [katedral] |
| Tempel (m) | kuil, candi | [kuil], [tʃandi] |
| Kirche (f) | gereja | [geredʒʲa] |

| Institut (n) | institut, perguruan tinggi | [institut], [pərguruan tiŋgi] |
| Universität (f) | universitas | [universitas] |
| Schule (f) | sekolah | [sekolah] |

| Präfektur (f) | prefektur, distrik | [prefektur], [distri'] |
| Rathaus (n) | balai kota | [balaj kota] |
| Hotel (n) | hotel | [hotel] |
| Bank (f) | bank | [ban'] |

| Botschaft (f) | kedutaan besar | [keduta'an besar] |
| Reisebüro (n) | kantor pariwisata | [kantor pariwisata] |
| Informationsbüro (n) | kantor penerangan | [kantor peneraŋan] |
| Wechselstube (f) | kantor penukaran uang | [kantor penukaran uaŋ] |

| U-Bahn (f) | kereta api bawah tanah | [kereta api bawah tanah] |
| Krankenhaus (n) | rumah sakit | [rumah sakit] |

| Tankstelle (f) | SPBU, stasiun bensin | [es-pe-be-u], [stasjun bensin] |
| Parkplatz (m) | tempat parkir | [tempat parkir] |

## 30. Schilder

| Firmenschild (n) | papan nama | [papan nama] |
| Aufschrift (f) | tulisan | [tulisan] |
| Plakat (n) | poster | [poster] |
| Wegweiser (m) | penunjuk arah | [penundʒʲu' arah] |
| Pfeil (m) | anak panah | [ana' panah] |

| Vorsicht (f) | peringatan | [pəriŋatan] |
| Warnung (f) | tanda peringatan | [tanda pəriŋatan] |
| warnen (vt) | memperingatkan | [memperiŋatkan] |

| freier Tag (m) | hari libur | [hari libur] |
| Fahrplan (m) | jadwal | [dʒʲadwal] |
| Öffnungszeiten (pl) | jam buka | [dʒʲam buka] |

| HERZLICH WILLKOMMEN! | SELAMAT DATANG! | [selamat dataŋ!] |
| EINGANG | MASUK | [masu'] |
| AUSGANG | KELUAR | [keluar] |

| DRÜCKEN | DORONG | [doroŋ] |
| ZIEHEN | TARIK | [tariʔ] |
| GEÖFFNET | BUKA | [buka] |
| GESCHLOSSEN | TUTUP | [tutup] |

| DAMEN, FRAUEN | WANITA | [wanita] |
| HERREN, MÄNNER | PRIA | [pria] |

| AUSVERKAUF | DISKON | [diskon] |
| REDUZIERT | OBRAL | [obral] |
| NEU! | BARU! | [baru!] |
| GRATIS | GRATIS | [gratis] |

| ACHTUNG! | PERHATIAN! | [perhatian!] |
| ZIMMER BELEGT | PENUH | [penuh] |
| RESERVIERT | DIRESERVASI | [direservasi] |

| VERWALTUNG | ADMINISTRASI | [administrasi] |
| NUR FÜR PERSONAL | KHUSUS STAF | [husus staf] |

| VORSICHT BISSIGER HUND | AWAS, ANJING GALAK! | [awas], [andʒiŋ galaʔ!] |
| RAUCHEN VERBOTEN! | DILARANG MEROKOK! | [dilaraŋ merokoʔ!] |
| BITTE NICHT BERÜHREN | JANGAN SENTUH! | [dʒaŋan sentuh!] |

| GEFÄHRLICH | BERBAHAYA | [berbahaja] |
| VORSICHT! | BAHAYA | [bahaja] |
| HOCHSPANNUNG | TEGANGAN TINGGI | [tegaŋan tiŋgi] |
| BADEN VERBOTEN | DILARANG BERENANG! | [dilaraŋ berenaŋ!] |
| AUßER BETRIEB | RUSAK | [rusaʔ] |

| LEICHTENTZÜNDLICH | BAHAN MUDAH TERBAKAR | [bahan mudah terbakar] |
| VERBOTEN | DILARANG | [dilaraŋ] |
| DURCHGANG VERBOTEN | DILARANG MASUK! | [dilaraŋ masuʔ!] |
| FRISCH GESTRICHEN | AWAS CAT BASAH | [awas tʃat basah] |

## 31. Shopping

| kaufen (vt) | membeli | [membeli] |
| Einkauf (m) | belanjaan | [belandʒaʔan] |
| einkaufen gehen | berbelanja | [berbelandʒa] |
| Einkaufen (n) | berbelanja | [berbelandʒa] |

| offen sein (Laden) | buka | [buka] |
| zu sein | tutup | [tutup] |

| Schuhe (pl) | sepatu | [sepatu] |
| Kleidung (f) | pakaian | [pakajan] |
| Kosmetik (f) | kosmetik | [kosmetiʔ] |
| Lebensmittel (pl) | produk makanan | [produʔ makanan] |
| Geschenk (n) | hadiah | [hadiah] |
| Verkäufer (m) | pramuniaga | [pramuniaga] |
| Verkäuferin (f) | pramuniaga perempuan | [pramuniaga perempuan] |

| Kasse (f) | kas | [kas] |
| Spiegel (m) | cermin | [tʃermin] |
| Ladentisch (m) | konter | [konter] |
| Umkleidekabine (f) | kamar pas | [kamar pas] |

| anprobieren (vt) | mengepas | [məŋepas] |
| passen (Schuhe, Kleid) | pas, cocok | [pas], [tʃotʃo'] |
| gefallen (vi) | suka | [suka] |

| Preis (m) | harga | [harga] |
| Preisschild (n) | label harga | [label harga] |
| kosten (vt) | berharga | [bərharga] |
| Wie viel? | Berapa? | [bərapa?] |
| Rabatt (m) | diskon | [diskon] |

| preiswert | tidak mahal | [tida' mahal] |
| billig | murah | [murah] |
| teuer | mahal | [mahal] |
| Das ist teuer | Ini mahal | [ini mahal] |

| Verleih (m) | rental, persewaan | [rental], [pərsewa'an] |
| leihen, mieten (ein Auto usw.) | menyewa | [mənjewa] |
| Kredit (m), Darlehen (n) | kredit | [kredit] |
| auf Kredit | secara kredit | [setʃara kredit] |

# KLEIDUNG & ACCESSOIRES

## 32. Oberbekleidung. Mäntel

| | | |
|---|---|---|
| Kleidung (f) | pakaian | [pakajan] |
| Oberkleidung (f) | pakaian luar | [pakajan luar] |
| Winterkleidung (f) | pakaian musim dingin | [pakajan musim diŋin] |
| | | |
| Mantel (m) | mantel | [mantel] |
| Pelzmantel (m) | mantel bulu | [mantel bulu] |
| Pelzjacke (f) | jaket bulu | [dʒˈaket bulu] |
| Daunenjacke (f) | jaket bulu halus | [dʒˈaket bulu halus] |
| | | |
| Jacke (z.B. Lederjacke) | jaket | [dʒˈaket] |
| Regenmantel (m) | jas hujan | [dʒˈas hudʒˈan] |
| wasserdicht | kedap air | [kedap air] |

## 33. Herren- & Damenbekleidung

| | | |
|---|---|---|
| Hemd (n) | kemeja | [kemedʒˈa] |
| Hose (f) | celana | [tʃelana] |
| Jeans (pl) | celana jins | [tʃelana dʒins] |
| Jackett (n) | jas | [dʒˈas] |
| Anzug (m) | setelan | [setelan] |
| | | |
| Damenkleid (n) | gaun | [gaun] |
| Rock (m) | rok | [roʔ] |
| Bluse (f) | blus | [blus] |
| Strickjacke (f) | jaket wol | [dʒˈaket wol] |
| Jacke (Damen Kostüm) | jaket | [dʒˈaket] |
| | | |
| T-Shirt (n) | baju kaus | [badʒˈu kaus] |
| Shorts (pl) | celana pendek | [tʃelana pendeʔ] |
| Sportanzug (m) | pakaian olahraga | [pakajan olahraga] |
| Bademantel (m) | jubah mandi | [dʒˈubah mandi̇] |
| Schlafanzug (m) | piyama | [piyama] |
| | | |
| Sweater (m) | sweter | [sweter] |
| Pullover (m) | pulover | [pulover] |
| | | |
| Weste (f) | rompi | [rompi] |
| Frack (m) | jas berbuntut | [dʒˈas bərbuntut] |
| Smoking (m) | jas malam | [dʒˈas malam] |
| | | |
| Uniform (f) | seragam | [seragam] |
| Arbeitskleidung (f) | pakaian kerja | [pakajan kerdʒˈa] |
| Overall (m) | baju monyet | [badʒˈu monjet] |
| Kittel (z.B. Arztkittel) | jas | [dʒˈas] |

## 34. Kleidung. Unterwäsche

| | | |
|---|---|---|
| Unterwäsche (f) | pakaian dalam | [pakajan dalam] |
| Herrenslip (m) | celana dalam lelaki | [ʧelana dalam lelaki] |
| Damenslip (m) | celana dalam wanita | [ʧelana dalam wanita] |
| Unterhemd (n) | singlet | [siŋlet] |
| Socken (pl) | kaus kaki | [kaus kaki] |

| | | |
|---|---|---|
| Nachthemd (n) | baju tidur | [baʤʲu tidur] |
| Büstenhalter (m) | beha | [beha] |
| Kniestrümpfe (pl) | kaus kaki selutut | [kaus kaki selutut] |
| Strumpfhose (f) | pantihos | [pantihos] |
| Strümpfe (pl) | kaus kaki panjang | [kaus kaki panʤʲaŋ] |
| Badeanzug (m) | baju renang | [baʤʲu renaŋ] |

## 35. Kopfbekleidung

| | | |
|---|---|---|
| Mütze (f) | topi | [topi] |
| Filzhut (m) | topi bulat | [topi bulat] |
| Baseballkappe (f) | topi bisbol | [topi bisbol] |
| Schiebermütze (f) | topi pet | [topi pet] |

| | | |
|---|---|---|
| Baskenmütze (f) | baret | [baret] |
| Kapuze (f) | kerudung kepala | [keruduŋ kepala] |
| Panamahut (m) | topi panama | [topi panama] |
| Strickmütze (f) | topi rajut | [topi raʤʲut] |

| | | |
|---|---|---|
| Kopftuch (n) | tudung kepala | [tuduŋ kepala] |
| Damenhut (m) | topi wanita | [topi wanita] |

| | | |
|---|---|---|
| Schutzhelm (m) | topi baja | [topi baʤʲa] |
| Feldmütze (f) | topi lipat | [topi lipat] |
| Helm (z.B. Motorradhelm) | helm | [helm] |

| | | |
|---|---|---|
| Melone (f) | topi bulat | [topi bulat] |
| Zylinder (m) | topi tinggi | [topi tiŋgi] |

## 36. Schuhwerk

| | | |
|---|---|---|
| Schuhe (pl) | sepatu | [sepatu] |
| Stiefeletten (pl) | sepatu bot | [sepatu bot] |
| Halbschuhe (pl) | sepatu wanita | [sepatu wanita] |
| Stiefel (pl) | sepatu lars | [sepatu lars] |
| Hausschuhe (pl) | pantofel | [pantofel] |

| | | |
|---|---|---|
| Tennisschuhe (pl) | sepatu tenis | [sepatu tenis] |
| Leinenschuhe (pl) | sepatu kets | [sepatu kets] |
| Sandalen (pl) | sandal | [sandal] |

| | | |
|---|---|---|
| Schuster (m) | tukang sepatu | [tukaŋ sepatu] |
| Absatz (m) | tumit | [tumit] |

| Paar (n) | sepasang | [sepasaŋ] |
|---|---|---|
| Schnürsenkel (m) | tali sepatu | [tali sepatu] |
| schnüren (vt) | mengikat tali | [məŋikat tali] |
| Schuhlöffel (m) | sendok sepatu | [sendo' sepatu] |
| Schuhcreme (f) | semir sepatu | [semir sepatu] |

## 37. Persönliche Accessoires

| Handschuhe (pl) | sarung tangan | [saruŋ taŋan] |
|---|---|---|
| Fausthandschuhe (pl) | sarung tangan | [saruŋ taŋan] |
| Schal (Kaschmir-) | selendang | [selendaŋ] |

| Brille (f) | kacamata | [katʃamata] |
|---|---|---|
| Brillengestell (n) | bingkai | [biŋkaj] |
| Regenschirm (m) | payung | [pajuŋ] |
| Spazierstock (m) | tongkat jalan | [toŋkat dʒalan] |
| Haarbürste (f) | sikat rambut | [sikat rambut] |
| Fächer (m) | kipas | [kipas] |

| Krawatte (f) | dasi | [dasi] |
|---|---|---|
| Fliege (f) | dasi kupu-kupu | [dasi kupu-kupu] |
| Hosenträger (pl) | bretel | [bretel] |
| Taschentuch (n) | sapu tangan | [sapu taŋan] |

| Kamm (m) | sisir | [sisir] |
|---|---|---|
| Haarspange (f) | jepit rambut | [dʒepit rambut] |
| Haarnadel (f) | harnal | [harnal] |
| Schnalle (f) | gesper | [gesper] |

| Gürtel (m) | sabuk | [sabu'] |
|---|---|---|
| Umhängegurt (m) | tali tas | [tali tas] |

| Tasche (f) | tas | [tas] |
|---|---|---|
| Handtasche (f) | tas tangan | [tas taŋan] |
| Rucksack (m) | ransel | [ransel] |

## 38. Kleidung. Verschiedenes

| Mode (f) | mode | [mode] |
|---|---|---|
| modisch | modis | [modis] |
| Modedesigner (m) | perancang busana | [perantʃaŋ busana] |

| Kragen (m) | kerah | [kerah] |
|---|---|---|
| Tasche (f) | saku | [saku] |
| Taschen- | saku | [saku] |
| Ärmel (m) | lengan | [leŋan] |
| Aufhänger (m) | tali kait | [tali kait] |
| Hosenschlitz (m) | golbi | [golbi] |

| Reißverschluss (m) | ritsleting | [ritsletiŋ] |
|---|---|---|
| Verschluss (m) | kancing | [kantʃiŋ] |
| Knopf (m) | kancing | [kantʃiŋ] |

| Knopfloch (n) | lubang kancing | [lubaŋ kantʃiŋ] |
| abgehen (Knopf usw.) | terlepas | [tərlepas] |

| nähen (vi, vt) | menjahit | [məndʒʲahit] |
| sticken (vt) | membordir | [membordir] |
| Stickerei (f) | bordiran | [bordiran] |
| Nadel (f) | jarum | [dʒʲarum] |
| Faden (m) | benang | [benaŋ] |
| Naht (f) | setik | [setiʔ] |

| sich beschmutzen | kena kotor | [kena kotor] |
| Fleck (m) | bercak | [bertʃaʔ] |
| sich knittern | kumal | [kumal] |
| zerreißen (vt) | merobek | [merobeʔ] |
| Motte (f) | ngengat | [ŋeŋat] |

## 39. Kosmetikartikel. Kosmetik

| Zahnpasta (f) | pasta gigi | [pasta gigi] |
| Zahnbürste (f) | sikat gigi | [sikat gigi] |
| Zähne putzen | menggosok gigi | [məŋgoso' gigi] |

| Rasierer (m) | pisau cukur | [pisau tʃukur] |
| Rasiercreme (f) | krim cukur | [krim tʃukur] |
| sich rasieren | bercukur | [bərtʃukur] |

| Seife (f) | sabun | [sabun] |
| Shampoo (n) | sampo | [sampo] |

| Schere (f) | gunting | [guntiŋ] |
| Nagelfeile (f) | kikir kuku | [kikir kuku] |
| Nagelzange (f) | pemotong kuku | [pemotoŋ kuku] |
| Pinzette (f) | pinset | [pinset] |

| Kosmetik (f) | kosmetik | [kosmetiʔ] |
| Gesichtsmaske (f) | masker | [masker] |
| Maniküre (f) | manikur | [manikur] |
| Maniküre machen | melakukan manikur | [melakukan manikur] |
| Pediküre (f) | pedi | [pedi] |

| Kosmetiktasche (f) | tas kosmetik | [tas kosmetiʔ] |
| Puder (m) | bedak | [beda'] |
| Puderdose (f) | kotak bedak | [kota' beda'] |
| Rouge (n) | perona pipi | [pərona pipi] |

| Parfüm (n) | parfum | [parfum] |
| Duftwasser (n) | minyak wangi | [minja' waŋi] |
| Lotion (f) | losion | [losjon] |
| Kölnischwasser (n) | kolonye | [kolone] |

| Lidschatten (m) | pewarna mata | [pewarna mata] |
| Kajalstift (m) | pensil alis | [pensil alis] |
| Wimperntusche (f) | celak | [tʃela'] |
| Lippenstift (m) | lipstik | [lipsti'] |

| Nagellack (m) | kuteks, cat kuku | [kuteks], [tʃat kuku] |
|---|---|---|
| Haarlack (m) | semprotan rambut | [semprotan rambut] |
| Deodorant (n) | deodoran | [deodoran] |

| Creme (f) | krim | [krim] |
|---|---|---|
| Gesichtscreme (f) | krim wajah | [krim wadʒ'ah] |
| Handcreme (f) | krim tangan | [krim taŋan] |
| Anti-Falten-Creme (f) | krim antikerut | [krim antikerut] |
| Tagescreme (f) | krim siang | [krim siaŋ] |
| Nachtcreme (f) | krim malam | [krim malam] |
| Tages- | siang | [siaŋ] |
| Nacht- | malam | [malam] |

| Tampon (m) | tampon | [tampon] |
|---|---|---|
| Toilettenpapier (n) | kertas toilet | [kertas toylet] |
| Föhn (m) | pengering rambut | [peŋeriŋ rambut] |

## 40. Armbanduhren Uhren

| Armbanduhr (f) | arloji | [arlodʒi] |
|---|---|---|
| Zifferblatt (n) | piringan jam | [piriŋan dʒ'am] |
| Zeiger (m) | jarum | [dʒ'arum] |
| Metallarmband (n) | rantai arloji | [rantaj arlodʒi] |
| Uhrenarmband (n) | tali arloji | [tali arlodʒi] |

| Batterie (f) | baterai | [bateraj] |
|---|---|---|
| verbraucht sein | mati | [mati] |
| die Batterie wechseln | mengganti baterai | [meŋganti bateraj] |
| vorgehen (vi) | cepat | [tʃepat] |
| nachgehen (vi) | terlambat | [terlambat] |

| Wanduhr (f) | jam dinding | [dʒ'am dindiŋ] |
|---|---|---|
| Sanduhr (f) | jam pasir | [dʒ'am pasir] |
| Sonnenuhr (f) | jam matahari | [dʒ'am matahari] |
| Wecker (m) | weker | [weker] |
| Uhrmacher (m) | tukang jam | [tukaŋ dʒ'am] |
| reparieren (vt) | mereparasi, memperbaiki | [mereparasi], [memperbajki] |

# ALLTAGSERFAHRUNG

## 41. Geld

| | | |
|---|---|---|
| Geld (n) | uang | [uaŋ] |
| Austausch (m) | pertukaran mata uang | [pərtukaran mata uaŋ] |
| Kurs (m) | nilai tukar | [nilaj tukar] |
| Geldautomat (m) | Anjungan Tunai Mandiri, ATM | [andʒˈuŋan tunaj mandiri], [a-te-em] |
| Münze (f) | koin | [koin] |
| | | |
| Dollar (m) | dolar | [dolar] |
| Euro (m) | euro | [euro] |
| | | |
| Lira (f) | lira | [lira] |
| Mark (f) | Mark Jerman | [marʔ dʒˈerman] |
| Franken (m) | franc | [frantʃ] |
| Pfund Sterling (n) | poundsterling | [paundsterliŋ] |
| Yen (m) | yen | [yen] |
| | | |
| Schulden (pl) | utang | [utaŋ] |
| Schuldner (m) | pengutang | [peŋutaŋ] |
| leihen (vt) | meminjamkan | [memindʒˈamkan] |
| leihen, borgen (Geld usw.) | meminjam | [memindʒˈam] |
| | | |
| Bank (f) | bank | [banʔ] |
| Konto (n) | rekening | [rekeniŋ] |
| einzahlen (vt) | memasukkan | [memasuʔkan] |
| auf ein Konto einzahlen | memasukkan ke rekening | [memasuʔkan ke rekeniŋ] |
| abheben (vt) | menarik uang | [mənariʔ uaŋ] |
| | | |
| Kreditkarte (f) | kartu kredit | [kartu kredit] |
| Bargeld (n) | uang kontan, uang tunai | [uaŋ kontan], [uaŋ tunaj] |
| Scheck (m) | cek | [tʃeʔ] |
| einen Scheck schreiben | menulis cek | [mənulis tʃeʔ] |
| Scheckbuch (n) | buku cek | [buku tʃeʔ] |
| | | |
| Geldtasche (f) | dompet | [dompet] |
| Geldbeutel (m) | dompet, pundi-pundi | [dompet], [pundi-pundi] |
| Safe (m) | brankas | [brankas] |
| | | |
| Erbe (m) | pewaris | [pewaris] |
| Erbschaft (f) | warisan | [warisan] |
| Vermögen (n) | kekayaan | [kekajaʔan] |
| | | |
| Pacht (f) | sewa | [sewa] |
| Miete (f) | uang sewa | [uaŋ sewa] |
| mieten (vt) | menyewa | [mənjewa] |
| Preis (m) | harga | [harga] |
| Kosten (pl) | harga | [harga] |

| Summe (f) | jumlah | [dʒˈumlah] |
| ausgeben (vt) | menghabiskan | [məŋhabiskan] |
| Ausgaben (pl) | ongkos | [oŋkos] |
| sparen (vt) | menghemat | [məŋhemat] |
| sparsam | hemat | [hemat] |

| zahlen (vt) | membayar | [membajar] |
| Lohn (m) | pembayaran | [pembajaran] |
| Wechselgeld (n) | kembalian | [kembalian] |

| Steuer (f) | pajak | [padʒˈaʔ] |
| Geldstrafe (f) | denda | [denda] |
| bestrafen (vt) | mendenda | [məndenda] |

## 42. Post. Postdienst

| Post (Postamt) | kantor pos | [kantor pos] |
| Post (Postsendungen) | surat | [surat] |
| Briefträger (m) | tukang pos | [tukaŋ pos] |
| Öffnungszeiten (pl) | jam buka | [dʒˈam buka] |

| Brief (m) | surat | [surat] |
| Einschreibebrief (m) | surat tercatat | [surat tərtʃatat] |
| Postkarte (f) | kartu pos | [kartu pos] |
| Telegramm (n) | telegram | [telegram] |
| Postpaket (n) | parsel, paket pos | [parsel], [paket pos] |
| Geldanweisung (f) | wesel pos | [wesel pos] |

| bekommen (vt) | menerima | [mənerima] |
| abschicken (vt) | mengirim | [məŋirim] |
| Absendung (f) | pengiriman | [peŋiriman] |
| Postanschrift (f) | alamat | [alamat] |
| Postleitzahl (f) | kode pos | [kode pos] |
| Absender (m) | pengirim | [peŋirim] |
| Empfänger (m) | penerima | [penerima] |

| Vorname (m) | nama | [nama] |
| Nachname (m) | nama keluarga | [nama keluarga] |
| Tarif (m) | tarif | [tarif] |
| Standard- (Tarif) | biasa, standar | [biasa], [standar] |
| Spar- (-tarif) | ekonomis | [ekonomis] |

| Gewicht (n) | berat | [berat] |
| abwiegen (vt) | menimbang | [mənimbaŋ] |
| Briefumschlag (m) | amplop | [amplop] |
| Briefmarke (f) | prangko | [praŋko] |
| Briefmarke aufkleben | menempelkan prangko | [mənempelkan praŋko] |

## 43. Bankgeschäft

| Bank (f) | bank | [banʔ] |
| Filiale (f) | cabang | [tʃabaŋ] |

| Berater (m) | konsultan | [konsultan] |
| Leiter (m) | manajer | [manadʒⁱer] |

| Konto (n) | rekening | [rekeniŋ] |
| Kontonummer (f) | nomor rekening | [nomor rekeniŋ] |
| Kontokorrent (n) | rekening koran | [rekeniŋ koran] |
| Sparkonto (n) | rekening simpanan | [rekeniŋ simpanan] |

| ein Konto eröffnen | membuka rekening | [membuka rekeniŋ] |
| das Konto schließen | menutup rekening | [mənutup rekeniŋ] |
| einzahlen (vt) | memasukkan ke rekening | [memasuʔkan ke rekeniŋ] |
| abheben (vt) | menarik uang | [mənariʔ uaŋ] |

| Einzahlung (f) | deposito | [deposito] |
| eine Einzahlung machen | melakukan setoran | [melakukan setoran] |
| Überweisung (f) | transfer kawat | [transfer kawat] |
| überweisen (vt) | mentransfer | [mentransfer] |

| Summe (f) | jumlah | [dʒⁱumlah] |
| Wieviel? | Berapa? | [bərapa?] |

| Unterschrift (f) | tanda tangan | [tanda taŋan] |
| unterschreiben (vt) | menandatangani | [mənandataŋani] |

| Kreditkarte (f) | kartu kredit | [kartu kredit] |
| Code (m) | kode | [kode] |
| Kreditkartennummer (f) | nomor kartu kredit | [nomor kartu kredit] |
| Geldautomat (m) | Anjungan Tunai Mandiri, ATM | [andʒⁱuŋan tunaj mandiri], [a-te-em] |

| Scheck (m) | cek | [ʧeʔ] |
| einen Scheck schreiben | menulis cek | [mənulis ʧeʔ] |
| Scheckbuch (n) | buku cek | [buku ʧeʔ] |

| Darlehen (m) | kredit, pinjaman | [kredit], [pindʒⁱaman] |
| ein Darlehen beantragen | meminta kredit | [meminta kredit] |
| ein Darlehen aufnehmen | mendapatkan kredit | [məndapatkan kredit] |
| ein Darlehen geben | memberikan kredit | [memberikan kredit] |
| Sicherheit (f) | jaminan | [dʒⁱaminan] |

## 44. Telefon. Telefongespräche

| Telefon (n) | telepon | [telepon] |
| Mobiltelefon (n) | ponsel | [ponsel] |
| Anrufbeantworter (m) | mesin penjawab panggilan | [mesin pendʒⁱawab paŋgilan] |

| anrufen (vt) | menelepon | [mənelepon] |
| Anruf (m) | panggilan telepon | [paŋgilan telepon] |

| eine Nummer wählen | memutar nomor telepon | [memutar nomor telepon] |
| Hallo! | Halo! | [halo!] |
| fragen (vt) | bertanya | [bərtanja] |
| antworten (vi) | menjawab | [məndʒⁱawab] |
| hören (vt) | mendengar | [məndeŋar] |

| gut (~ aussehen) | baik | [baj⁷] |
|---|---|---|
| schlecht (Adv) | buruk, jelek | [buruk], [dʒⁱele⁷] |
| Störungen (pl) | bising, gangguan | [bisiŋ], [gaŋguan] |

| Hörer (m) | gagang | [gagaŋ] |
|---|---|---|
| den Hörer abnehmen | mengangkat telepon | [məŋaŋkat telepon] |
| auflegen (den Hörer ~) | menutup telepon | [mənutup telepon] |

| besetzt | sibuk | [sibu⁷] |
|---|---|---|
| läuten (vi) | berdering | [bərderiŋ] |
| Telefonbuch (n) | buku telepon | [buku telepon] |

| Orts- | lokal | [lokal] |
|---|---|---|
| Ortsgespräch (n) | panggilan lokal | [paŋgilan lokal] |
| Auslands- | internasional | [internasional] |
| Auslandsgespräch (n) | panggilan internasional | [paŋgilan internasional] |
| Fern- | interlokal | [interlokal] |
| Ferngespräch (n) | panggilan interlokal | [paŋgilan interlokal] |

## 45. Mobiltelefon

| Mobiltelefon (n) | ponsel | [ponsel] |
|---|---|---|
| Display (n) | layar | [lajar] |
| Knopf (m) | kenop | [kenop] |
| SIM-Karte (f) | kartu SIM | [kartu sim] |

| Batterie (f) | baterai | [bateraj] |
|---|---|---|
| leer sein (Batterie) | mati | [mati] |
| Ladegerät (n) | pengisi baterai, pengecas | [peɲisi bateraj], [peɲetʃas] |

| Menü (n) | menu | [menu] |
|---|---|---|
| Einstellungen (pl) | penyetelan | [penjetelan] |
| Melodie (f) | nada panggil | [nada paŋgil] |
| auswählen (vt) | memilih | [memilih] |

| Rechner (m) | kalkulator | [kalkulator] |
|---|---|---|
| Anrufbeantworter (m) | penjawab telepon | [pendʒⁱawab telepon] |
| Wecker (m) | weker | [weker] |
| Kontakte (pl) | buku telepon | [buku telepon] |

| SMS-Nachricht (f) | pesan singkat | [pesan siŋkat] |
|---|---|---|
| Teilnehmer (m) | pelanggan | [pelaŋgan] |

## 46. Bürobedarf

| Kugelschreiber (m) | bolpen | [bolpen] |
|---|---|---|
| Federhalter (m) | pena celup | [pena tʃelup] |

| Bleistift (m) | pensil | [pensil] |
|---|---|---|
| Faserschreiber (m) | spidol | [spidol] |
| Filzstift (m) | spidol | [spidol] |
| Notizblock (m) | buku catatan | [buku tʃatatan] |

| Terminkalender (m) | agenda | [agenda] |
|---|---|---|
| Lineal (n) | mistar, penggaris | [mistar], [peŋgaris] |
| Rechner (m) | kalkulator | [kalkulator] |
| Radiergummi (m) | karet penghapus | [karet peɲhapus] |
| Reißzwecke (f) | paku payung | [paku pajuŋ] |
| Heftklammer (f) | penjepit kertas | [pendʒ'epit kertas] |

| Klebstoff (m) | lem | [lem] |
|---|---|---|
| Hefter (m) | stapler | [stapler] |
| Locher (m) | alat pelubang kertas | [alat pelubaŋ kertas] |
| Bleistiftspitzer (m) | rautan pensil | [rautan pensil] |

## 47. Fremdsprachen

| Sprache (f) | bahasa | [bahasa] |
|---|---|---|
| Fremd- | asing | [asiŋ] |
| Fremdsprache (f) | bahasa asing | [bahasa asiŋ] |
| studieren (z.B. Jura ~) | mempelajari | [mempeladʒ'ari] |
| lernen (Englisch ~) | belajar | [beladʒ'ar] |

| lesen (vi, vt) | membaca | [membatʃa] |
|---|---|---|
| sprechen (vi, vt) | berbicara | [bərbitʃara] |
| verstehen (vt) | mengerti | [məŋerti] |
| schreiben (vi, vt) | menulis | [mənulis] |

| schnell (Adv) | cepat, fasih | [tʃepat], [fasih] |
|---|---|---|
| langsam (Adv) | perlahan-lahan | [pərlahan-lahan] |
| fließend (Adv) | fasih | [fasih] |

| Regeln (pl) | peraturan | [pəraturan] |
|---|---|---|
| Grammatik (f) | tatabahasa | [tatabahasa] |
| Vokabular (n) | kosakata | [kosakata] |
| Phonetik (f) | fonetik | [foneti'] |

| Lehrbuch (n) | buku pelajaran | [buku peladʒ'aran] |
|---|---|---|
| Wörterbuch (n) | kamus | [kamus] |
| Selbstlernbuch (n) | buku autodidak | [buku autodida'] |
| Sprachführer (m) | panduan percakapan | [panduan pərtʃakapan] |

| Kassette (f) | kaset | [kaset] |
|---|---|---|
| Videokassette (f) | kaset video | [kaset video] |
| CD (f) | cakram kompak | [tʃakram kompa'] |
| DVD (f) | cakram DVD | [tʃakram di-vi-di] |

| Alphabet (n) | alfabet, abjad | [alfabet], [abdʒ'ad] |
|---|---|---|
| buchstabieren (vt) | mengeja | [məŋedʒ'a] |
| Aussprache (f) | pelafalan | [pelafalan] |

| Akzent (m) | aksen | [aksen] |
|---|---|---|
| mit Akzent | dengan aksen | [deŋan aksen] |
| ohne Akzent | tanpa aksen | [tanpa aksen] |

| Wort (n) | kata | [kata] |
|---|---|---|
| Bedeutung (f) | arti | [arti] |

| Kurse (pl) | kursus | [kursus] |
| sich einschreiben | Mendaftar | [məndaftar] |
| Lehrer (m) | guru | [guru] |

| Übertragung (f) | penerjemahan | [penerʤemahan] |
| Übersetzung (f) | terjemahan | [tərʤemahan] |
| Übersetzer (m) | penerjemah | [penerʤemah] |
| Dolmetscher (m) | juru bahasa | [ʤuru bahasa] |

| Polyglott (m, f) | poliglot | [poliglot] |
| Gedächtnis (n) | memori, daya ingat | [memori], [daja iŋat] |

# MAHLZEITEN. RESTAURANT

## 48. Gedeck

| | | |
|---|---|---|
| Löffel (m) | sendok | [sendoʔ] |
| Messer (n) | pisau | [pisau] |
| Gabel (f) | garpu | [garpu] |
| | | |
| Tasse (eine ~ Tee) | cangkir | [ʧaŋkir] |
| Teller (m) | piring | [piriŋ] |
| Untertasse (f) | alas cangkir | [alas ʧaŋkir] |
| Serviette (f) | serbet | [serbet] |
| Zahnstocher (m) | tusuk gigi | [tusuʔ gigi] |

## 49. Restaurant

| | | |
|---|---|---|
| Restaurant (n) | restoran | [restoran] |
| Kaffeehaus (n) | warung kopi | [waruŋ kopi] |
| Bar (f) | bar | [bar] |
| Teesalon (m) | warung teh | [waruŋ teh] |
| | | |
| Kellner (m) | pelayan lelaki | [pelajan lelaki] |
| Kellnerin (f) | pelayan perempuan | [pelajan pərempuan] |
| Barmixer (m) | pelayan bar | [pelajan bar] |
| | | |
| Speisekarte (f) | menu | [menu] |
| Weinkarte (f) | daftar anggur | [daftar aŋgur] |
| einen Tisch reservieren | memesan meja | [memesan medʒʲa] |
| Gericht (n) | masakan, hidangan | [masakan], [hidaŋan] |
| bestellen (vt) | memesan | [memesan] |
| eine Bestellung aufgeben | memesan | [memesan] |
| | | |
| Aperitif (m) | aperitif | [aperitif] |
| Vorspeise (f) | makanan ringan | [makanan riŋan] |
| Nachtisch (m) | hidangan penutup | [hidaŋan penutup] |
| | | |
| Rechnung (f) | bon | [bon] |
| Rechnung bezahlen | membayar bon | [membajar bon] |
| das Wechselgeld geben | memberikan uang kembalian | [memberikan uaŋ kembalian] |
| | | |
| Trinkgeld (n) | tip | [tip] |

## 50. Mahlzeiten

| | | |
|---|---|---|
| Essen (n) | makanan | [makanan] |
| essen (vi, vt) | makan | [makan] |

| Frühstück (n) | makan pagi, sarapan | [makan pagi], [sarapan] |
|---|---|---|
| frühstücken (vi) | sarapan | [sarapan] |
| Mittagessen (n) | makan siang | [makan siaŋ] |
| zu Mittag essen | makan siang | [makan siaŋ] |
| Abendessen (n) | makan malam | [makan malam] |
| zu Abend essen | makan malam | [makan malam] |

| Appetit (m) | nafsu makan | [nafsu makan] |
|---|---|---|
| Guten Appetit! | Selamat makan! | [selamat makan!] |

| öffnen (vt) | membuka | [membuka] |
|---|---|---|
| verschütten (vt) | menumpahkan | [mənumpahkan] |

| kochen (vi) | mendidih | [məndidih] |
|---|---|---|
| kochen (Wasser ~) | mendidihkan | [məndidihkan] |
| gekocht (Adj) | masak | [masaʔ] |
| kühlen (vt) | mendinginkan | [məndiŋinkan] |
| abkühlen (vi) | mendingin | [məndiŋin] |

| Geschmack (m) | rasa | [rasa] |
|---|---|---|
| Beigeschmack (m) | nuansa rasa | [nuansa rasa] |

| auf Diät sein | berdiet | [berdiet] |
|---|---|---|
| Diät (f) | diet, pola makan | [diet], [pola makan] |
| Vitamin (n) | vitamin | [vitamin] |
| Kalorie (f) | kalori | [kalori] |
| Vegetarier (m) | vegetarian | [vegetarian] |
| vegetarisch (Adj) | vegetarian | [vegetarian] |

| Fett (n) | lemak | [lemaʔ] |
|---|---|---|
| Protein (n) | protein | [protein] |
| Kohlenhydrat (n) | karbohidrat | [karbohidrat] |

| Scheibchen (n) | irisan | [irisan] |
|---|---|---|
| Stück (ein ~ Kuchen) | potongan | [potoŋan] |
| Krümel (m) | remah | [remah] |

## 51. Gerichte

| Gericht (n) | masakan, hidangan | [masakan], [hidaŋan] |
|---|---|---|
| Küche (f) | masakan | [masakan] |
| Rezept (n) | resep | [resep] |
| Portion (f) | porsi | [porsi] |

| Salat (m) | salada | [salada] |
|---|---|---|
| Suppe (f) | sup | [sup] |

| Brühe (f), Bouillon (f) | kaldu | [kaldu] |
|---|---|---|
| belegtes Brot (n) | roti lapis | [roti lapis] |
| Spiegelei (n) | telur mata sapi | [telur mata sapi] |

| Hamburger (m) | hamburger | [hamburger] |
|---|---|---|
| Beefsteak (n) | bistik | [bistiʔ] |
| Beilage (f) | lauk | [lauʔ] |

| Spaghetti (pl) | spageti | [spageti] |
| Kartoffelpüree (n) | kentang tumbuk | [kentaŋ tumbu'] |
| Pizza (f) | piza | [piza] |
| Brei (m) | bubur | [bubur] |
| Omelett (n) | telur dadar | [telur dadar] |

| gekocht | rebus | [rebus] |
| geräuchert | asap | [asap] |
| gebraten | goreng | [goreŋ] |
| getrocknet | kering | [keriŋ] |
| tiefgekühlt | beku | [beku] |
| mariniert | marinade | [marinade] |

| süß | manis | [manis] |
| salzig | asin | [asin] |
| kalt | dingin | [diŋin] |
| heiß | panas | [panas] |
| bitter | pahit | [pahit] |
| lecker | enak | [ena'] |

| kochen (vt) | merebus | [merebus] |
| zubereiten (vt) | memasak | [memasa'] |
| braten (vt) | menggoreng | [məŋgoreŋ] |
| aufwärmen (vt) | memanaskan | [memanaskan] |

| salzen (vt) | menggarami | [məŋgarami] |
| pfeffern (vt) | membubuh merica | [membubuh meritʃa] |
| reiben (vt) | memarut | [memarut] |
| Schale (f) | kulit | [kulit] |
| schälen (vt) | mengupas | [məŋupas] |

## 52. Essen

| Fleisch (n) | daging | [dagiŋ] |
| Hühnerfleisch (n) | ayam | [ajam] |
| Küken (n) | anak ayam | [ana' ajam] |
| Ente (f) | bebek | [bebe'] |
| Gans (f) | angsa | [aŋsa] |
| Wild (n) | binatang buruan | [binataŋ buruan] |
| Pute (f) | kalkun | [kalkun] |

| Schweinefleisch (n) | daging babi | [dagiŋ babi] |
| Kalbfleisch (n) | daging anak sapi | [dagiŋ ana' sapi] |
| Hammelfleisch (n) | daging domba | [dagiŋ domba] |
| Rindfleisch (n) | daging sapi | [dagiŋ sapi] |
| Kaninchenfleisch (n) | kelinci | [kelintʃi] |

| Wurst (f) | sosis | [sosis] |
| Würstchen (n) | sosis | [sosis] |
| Schinkenspeck (m) | bakon | [beykon] |
| Schinken (m) | ham, daging kornet | [ham], [dagiŋ kornet] |
| Räucherschinken (m) | ham | [ham] |
| Pastete (f) | pasta | [pasta] |
| Leber (f) | hati | [hati] |

| Hackfleisch (n) | daging giling | [dagiŋ giliŋ] |
| Zunge (f) | lidah | [lidah] |

| Ei (n) | telur | [telur] |
| Eier (pl) | telur | [telur] |
| Eiweiß (n) | putih telur | [putih telur] |
| Eigelb (n) | kuning telur | [kuniŋ telur] |

| Fisch (m) | ikan | [ikan] |
| Meeresfrüchte (pl) | makanan laut | [makanan laut] |
| Krebstiere (pl) | krustasea | [krustasea] |
| Kaviar (m) | caviar | [kaviar] |

| Krabbe (f) | kepiting | [kepitiŋ] |
| Garnele (f) | udang | [udaŋ] |
| Auster (f) | tiram | [tiram] |
| Languste (f) | lobster berduri | [lobster bərduri] |
| Krake (m) | gurita | [gurita] |
| Kalmar (m) | cumi-cumi | [ʧumi-ʧumi] |

| Störfleisch (n) | ikan sturgeon | [ikan sturʤ'en] |
| Lachs (m) | salmon | [salmon] |
| Heilbutt (m) | ikan turbot | [ikan turbot] |

| Dorsch (m) | ikan kod | [ikan kod] |
| Makrele (f) | ikan kembung | [ikan kembuŋ] |
| Tunfisch (m) | tuna | [tuna] |
| Aal (m) | belut | [belut] |

| Forelle (f) | ikan forel | [ikan forel] |
| Sardine (f) | sarden | [sarden] |
| Hecht (m) | ikan pike | [ikan paik] |
| Hering (m) | ikan haring | [ikan hariŋ] |

| Brot (n) | roti | [roti] |
| Käse (m) | keju | [keʤ'u] |
| Zucker (m) | gula | [gula] |
| Salz (n) | garam | [garam] |

| Reis (m) | beras, nasi | [beras], [nasi] |
| Teigwaren (pl) | makaroni | [makaroni] |
| Nudeln (pl) | mi | [mi] |

| Butter (f) | mentega | [məntega] |
| Pflanzenöl (n) | minyak nabati | [minja' nabati] |
| Sonnenblumenöl (n) | minyak bunga matahari | [minja' buŋa matahari] |
| Margarine (f) | margarin | [margarin] |

| Oliven (pl) | buah zaitun | [buah zajtun] |
| Olivenöl (n) | minyak zaitun | [minja' zajtun] |

| Milch (f) | susu | [susu] |
| Kondensmilch (f) | susu kental | [susu kental] |
| Joghurt (m) | yogurt | [yogurt] |
| saure Sahne (f) | krim asam | [krim asam] |
| Sahne (f) | krim, kepala susu | [krim], [kepala susu] |

| Mayonnaise (f) | mayones | [majones] |
| Buttercreme (f) | krim | [krim] |

| Grütze (f) | menir | [menir] |
| Mehl (n) | tepung | [tepuŋ] |
| Konserven (pl) | makanan kalengan | [makanan kaleŋan] |

| Maisflocken (pl) | emping jagung | [empiŋ dʒˈaguŋ] |
| Honig (m) | madu | [madu] |
| Marmelade (f) | selai | [selaj] |
| Kaugummi (m, n) | permen karet | [pərmen karet] |

## 53. Getränke

| Wasser (n) | air | [air] |
| Trinkwasser (n) | air minum | [air minum] |
| Mineralwasser (n) | air mineral | [air mineral] |

| still | tanpa gas | [tanpa gas] |
| mit Kohlensäure | berkarbonasi | [bərkarbonasi] |
| mit Gas | bergas | [bərgas] |
| Eis (n) | es | [es] |
| mit Eis | dengan es | [deŋan es] |

| alkoholfrei (Adj) | tanpa alkohol | [tanpa alkohol] |
| alkoholfreies Getränk (n) | minuman ringan | [minuman riŋan] |
| Erfrischungsgetränk (n) | minuman penygar | [minuman penigar] |
| Limonade (f) | limun | [limun] |

| Spirituosen (pl) | minoman beralkohol | [minoman beralkohol] |
| Wein (m) | anggur | [aŋgur] |
| Weißwein (m) | anggur putih | [aŋgur putih] |
| Rotwein (m) | anggur merah | [aŋgur merah] |

| Likör (m) | likeur | [likeur] |
| Champagner (m) | sampanye | [sampanje] |
| Wermut (m) | vermouth | [vermut] |

| Whisky (m) | wiski | [wiski] |
| Wodka (m) | vodka | [vodka] |
| Gin (m) | jin, jenewer | [dʒin], [dʒˈenewer] |
| Kognak (m) | konyak | [konjaʔ] |
| Rum (m) | rum | [rum] |

| Kaffee (m) | kopi | [kopi] |
| schwarzer Kaffee (m) | kopi pahit | [kopi pahit] |
| Milchkaffee (m) | kopi susu | [kopi susu] |
| Cappuccino (m) | cappuccino | [kaputʃino] |
| Pulverkaffee (m) | kopi instan | [kopi instan] |

| Milch (f) | susu | [susu] |
| Cocktail (m) | koktail | [koktajl] |
| Milchcocktail (m) | susu kocok | [susu kotʃoʔ] |
| Saft (m) | jus | [dʒˈus] |

| | | |
|---|---|---|
| Tomatensaft (m) | jus tomat | [ʤʲus tomat] |
| Orangensaft (m) | jus jeruk | [ʤʲus ʤʲeruʔ] |
| frisch gepresster Saft (m) | jus peras | [ʤʲus pəras] |

| | | |
|---|---|---|
| Bier (n) | bir | [bir] |
| Helles (n) | bir putih | [bir putih] |
| Dunkelbier (n) | bir hitam | [bir hitam] |

| | | |
|---|---|---|
| Tee (m) | teh | [teh] |
| schwarzer Tee (m) | teh hitam | [teh hitam] |
| grüner Tee (m) | teh hijau | [teh hiʤʲau] |

## 54. Gemüse

| | | |
|---|---|---|
| Gemüse (n) | sayuran | [sajuran] |
| grünes Gemüse (pl) | sayuran hijau | [sajuran hiʤʲau] |

| | | |
|---|---|---|
| Tomate (f) | tomat | [tomat] |
| Gurke (f) | mentimun, ketimun | [məntimun], [ketimun] |
| Karotte (f) | wortel | [wortel] |
| Kartoffel (f) | kentang | [kentaŋ] |
| Zwiebel (f) | bawang | [bawaŋ] |
| Knoblauch (m) | bawang putih | [bawaŋ putih] |

| | | |
|---|---|---|
| Kohl (m) | kol | [kol] |
| Blumenkohl (m) | kembang kol | [kembaŋ kol] |

| | | |
|---|---|---|
| Rosenkohl (m) | kol Brussels | [kol brusels] |
| Brokkoli (m) | brokoli | [brokoli] |

| | | |
|---|---|---|
| Rote Bete (f) | ubi bit merah | [ubi bit merah] |
| Aubergine (f) | terung, terong | [teruŋ], [təroŋ] |
| Zucchini (f) | labu siam | [labu siam] |

| | | |
|---|---|---|
| Kürbis (m) | labu | [labu] |
| Rübe (f) | turnip | [turnip] |

| | | |
|---|---|---|
| Petersilie (f) | peterseli | [peterseli] |
| Dill (m) | adas sowa | [adas sowa] |
| Kopf Salat (m) | selada | [selada] |
| Sellerie (m) | seledri | [seledri] |

| | | |
|---|---|---|
| Spargel (m) | asparagus | [asparagus] |
| Spinat (m) | bayam | [bajam] |

| | | |
|---|---|---|
| Erbse (f) | kacang polong | [katʃaŋ poloŋ] |
| Bohnen (pl) | kacang-kacangan | [katʃaŋ-katʃaŋan] |

| | | |
|---|---|---|
| Mais (m) | jagung | [ʤʲaguŋ] |
| weiße Bohne (f) | kacang buncis | [katʃaŋ buntʃis] |

| | | |
|---|---|---|
| Paprika (m) | cabai | [tʃabaj] |
| Radieschen (n) | radis | [radis] |
| Artischocke (f) | artisyok | [artiʃoʔ] |

## 55. Obst. Nüsse

| | | |
|---|---|---|
| Frucht (f) | buah | [buah] |
| Apfel (m) | apel | [apel] |
| Birne (f) | pir | [pir] |
| Zitrone (f) | jeruk sitrun | [dʒⁱeruʔ sitrun] |
| Apfelsine (f) | jeruk manis | [dʒⁱeruʔ manis] |
| Erdbeere (f) | stroberi | [stroberi] |
| | | |
| Mandarine (f) | jeruk mandarin | [dʒⁱeruʔ mandarin] |
| Pflaume (f) | plum | [plum] |
| Pfirsich (m) | persik | [persiʔ] |
| Aprikose (f) | aprikot | [aprikot] |
| Himbeere (f) | buah frambus | [buah frambus] |
| Ananas (f) | nanas | [nanas] |
| | | |
| Banane (f) | pisang | [pisaŋ] |
| Wassermelone (f) | semangka | [semaŋka] |
| Weintrauben (pl) | buah anggur | [buah aŋgur] |
| Sauerkirsche (f) | buah ceri asam | [buah tʃeri asam] |
| Süßkirsche (f) | buah ceri manis | [buah tʃeri manis] |
| Melone (f) | melon | [melon] |
| | | |
| Grapefruit (f) | jeruk Bali | [dʒⁱeruʔ bali] |
| Avocado (f) | avokad | [avokad] |
| Papaya (f) | pepaya | [pepaja] |
| Mango (f) | mangga | [maŋga] |
| Granatapfel (m) | buah delima | [buah delima] |
| | | |
| rote Johannisbeere (f) | redcurrant | [redkaren] |
| schwarze Johannisbeere (f) | blackcurrant | [bleʔkaren] |
| Stachelbeere (f) | buah arbei hijau | [buah arbei hidʒⁱau] |
| Heidelbeere (f) | buah bilberi | [buah bilberi] |
| Brombeere (f) | beri hitam | [beri hitam] |
| | | |
| Rosinen (pl) | kismis | [kismis] |
| Feige (f) | buah ara | [buah ara] |
| Dattel (f) | buah kurma | [buah kurma] |
| | | |
| Erdnuss (f) | kacang tanah | [katʃaŋ tanah] |
| Mandel (f) | badam | [badam] |
| Walnuss (f) | buah walnut | [buah walnut] |
| Haselnuss (f) | kacang hazel | [katʃaŋ hazel] |
| Kokosnuss (f) | buah kelapa | [buah kelapa] |
| Pistazien (pl) | badam hijau | [badam hidʒⁱau] |

## 56. Brot. Süßigkeiten

| | | |
|---|---|---|
| Konditorwaren (pl) | kue-mue | [kue-mue] |
| Brot (n) | roti | [roti] |
| Keks (m, n) | biskuit | [biskuit] |
| Schokolade (f) | cokelat | [tʃokelat] |
| Schokoladen- | cokelat | [tʃokelat] |

| Bonbon (m, n) | permen | [pərmen] |
| Kuchen (m) | kue | [kue] |
| Torte (f) | kue tar | [kue tar] |

| Kuchen (Apfel-) | pai | [pai] |
| Füllung (f) | inti | [inti] |

| Konfitüre (f) | selai buah utuh | [selaj buah utuh] |
| Marmelade (f) | marmelade | [marmelade] |
| Waffeln (pl) | wafel | [wafel] |
| Eis (n) | es krim | [es krim] |
| Pudding (m) | puding | [pudiŋ] |

## 57. Gewürze

| Salz (n) | garam | [garam] |
| salzig (Adj) | asin | [asin] |
| salzen (vt) | menggarami | [məŋgarami] |

| schwarzer Pfeffer (m) | merica | [meritʃa] |
| roter Pfeffer (m) | cabai merah | [tʃabaj merah] |
| Senf (m) | mustar | [mustar] |
| Meerrettich (m) | lobak pedas | [loba' pedas] |

| Gewürz (n) | bumbu | [bumbu] |
| Gewürz (n) | rempah-rempah | [rempah-rempah] |
| Soße (f) | saus | [saus] |
| Essig (m) | cuka | [tʃuka] |

| Anis (m) | adas manis | [adas manis] |
| Basilikum (n) | selasih | [selasih] |
| Nelke (f) | cengkih | [tʃeŋkih] |
| Ingwer (m) | jahe | [dʒʲahe] |
| Koriander (m) | ketumbar | [ketumbar] |
| Zimt (m) | kayu manis | [kaju manis] |

| Sesam (m) | wijen | [widʒʲen] |
| Lorbeerblatt (n) | daun salam | [daun salam] |
| Paprika (m) | cabai | [tʃabaj] |
| Kümmel (m) | jintan | [dʒintan] |
| Safran (m) | kuma-kuma | [kuma-kuma] |

# PERSÖNLICHE INFORMATIONEN. FAMILIE

## 58. Persönliche Informationen. Formulare

| | | |
|---|---|---|
| Vorname (m) | nama, nama depan | [nama], [nama depan] |
| Name (m) | nama keluarga | [nama keluarga] |
| Geburtsdatum (n) | tanggal lahir | [taŋgal lahir] |
| Geburtsort (m) | tempat lahir | [tempat lahir] |
| | | |
| Nationalität (f) | kebangsaan | [kebaŋsa'an] |
| Wohnort (m) | tempat tinggal | [tempat tiŋgal] |
| Land (n) | negara, negeri | [negara], [negeri] |
| Beruf (m) | profesi | [profesi] |
| | | |
| Geschlecht (n) | jenis kelamin | [dʒenis kelamin] |
| Größe (f) | tinggi badan | [tiŋgi badan] |
| Gewicht (n) | berat | [berat] |

## 59. Familienmitglieder. Verwandte

| | | |
|---|---|---|
| Mutter (f) | ibu | [ibu] |
| Vater (m) | ayah | [ajah] |
| Sohn (m) | anak lelaki | [ana' lelaki] |
| Tochter (f) | anak perempuan | [ana' perempuan] |
| | | |
| jüngste Tochter (f) | anak perempuan bungsu | [ana' perempuan buŋsu] |
| jüngste Sohn (m) | anak lelaki bungsu | [ana' lelaki buŋsu] |
| ältere Tochter (f) | anak perempuan sulung | [ana' perempuan suluŋ] |
| älterer Sohn (m) | anak lelaki sulung | [ana' lelaki suluŋ] |
| | | |
| Bruder (m) | saudara lelaki | [saudara lelaki] |
| älterer Bruder (m) | kakak lelaki | [kaka' lelaki] |
| jüngerer Bruder (m) | adik lelaki | [adi' lelaki] |
| Schwester (f) | saudara perempuan | [saudara perempuan] |
| ältere Schwester (f) | kakak perempuan | [kaka' perempuan] |
| jüngere Schwester (f) | adik perempuan | [adi' perempuan] |
| | | |
| Cousin (m) | sepupu lelaki | [sepupu lelaki] |
| Cousine (f) | sepupu perempuan | [sepupu perempuan] |
| | | |
| Mama (f) | mama, ibu | [mama], [ibu] |
| Papa (m) | papa, ayah | [papa], [ajah] |
| Eltern (pl) | orang tua | [oraŋ tua] |
| Kind (n) | anak | [ana'] |
| Kinder (pl) | anak-anak | [ana'-ana'] |
| | | |
| Großmutter (f) | nenek | [nene'] |
| Großvater (m) | kakek | [kake'] |

| Enkel (m) | cucu laki-laki | [ʧuʧu laki-laki] |
| Enkelin (f) | cucu perempuan | [ʧuʧu perempuan] |
| Enkelkinder (pl) | cucu | [ʧuʧu] |

| Onkel (m) | paman | [paman] |
| Tante (f) | bibi | [bibi] |
| Neffe (m) | keponakan laki-laki | [keponakan laki-laki] |
| Nichte (f) | keponakan perempuan | [keponakan perempuan] |

| Schwiegermutter (f) | ibu mertua | [ibu mertua] |
| Schwiegervater (m) | ayah mertua | [ajah mertua] |
| Schwiegersohn (m) | menantu laki-laki | [menantu laki-laki] |
| Stiefmutter (f) | ibu tiri | [ibu tiri] |
| Stiefvater (m) | ayah tiri | [ajah tiri] |

| Säugling (m) | bayi | [baji] |
| Kleinkind (n) | bayi | [baji] |
| Kleine (m) | bocah cilik | [boʧah ʧili'] |

| Frau (f) | istri | [istri] |
| Mann (m) | suami | [suami] |
| Ehemann (m) | suami | [suami] |
| Gemahlin (f) | istri | [istri] |

| verheiratet (Ehemann) | menikah, beristri | [menikah], [beristri] |
| verheiratet (Ehefrau) | menikah, bersuami | [menikah], [bersuami] |
| ledig | bujang | [budʒ'aŋ] |
| Junggeselle (m) | bujang | [budʒ'aŋ] |
| geschieden (Adj) | bercerai | [berʧeraj] |
| Witwe (f) | janda | [dʒ'anda] |
| Witwer (m) | duda | [duda] |

| Verwandte (m) | kerabat | [kerabat] |
| naher Verwandter (m) | kerabat dekat | [kerabat dekat] |
| entfernter Verwandter (m) | kerabat jauh | [kerabat dʒ'auh] |
| Verwandte (pl) | kerabat, sanak saudara | [kerabat], [sana' saudara] |

| Waise (m, f) | yatim piatu | [yatim piatu] |
| Vormund (m) | wali | [wali] |
| adoptieren (einen Jungen) | mengadopsi | [meŋadopsi] |
| adoptieren (ein Mädchen) | mengadopsi | [meŋadopsi] |

## 60. Freunde. Arbeitskollegen

| Freund (m) | sahabat | [sahabat] |
| Freundin (f) | sahabat | [sahabat] |
| Freundschaft (f) | persahabatan | [persahabatan] |
| befreundet sein | bersahabat | [bersahabat] |

| Freund (m) | teman | [teman] |
| Freundin (f) | teman | [teman] |
| Partner (m) | mitra | [mitra] |
| Chef (m) | atasan | [atasan] |
| Vorgesetzte (m) | atasan | [atasan] |

| Besitzer (m) | pemilik | [pemiliʔ] |
| Untergeordnete (m) | bawahan | [bawahan] |
| Kollege (m), Kollegin (f) | kolega | [kolega] |

| Bekannte (m) | kenalan | [kenalan] |
| Reisegefährte (m) | rekan seperjalanan | [rekan seperdʒalanan] |
| Mitschüler (m) | teman sekelas | [teman sekelas] |

| Nachbar (m) | tetangga | [tetaŋga] |
| Nachbarin (f) | tetangga | [tetaŋga] |
| Nachbarn (pl) | para tetangga | [para tetaŋga] |

# MENSCHLICHER KÖRPER. MEDIZIN

## 61. Kopf

| | | |
|---|---|---|
| Kopf (m) | kepala | [kepala] |
| Gesicht (n) | wajah | [wadʒiah] |
| Nase (f) | hidung | [hiduŋ] |
| Mund (m) | mulut | [mulut] |
| | | |
| Auge (n) | mata | [mata] |
| Augen (pl) | mata | [mata] |
| Pupille (f) | pupil, biji mata | [pupil], [bidʒi mata] |
| Augenbraue (f) | alis | [alis] |
| Wimper (f) | bulu mata | [bulu mata] |
| Augenlid (n) | kelopak mata | [kelopa' mata] |
| | | |
| Zunge (f) | lidah | [lidah] |
| Zahn (m) | gigi | [gigi] |
| Lippen (pl) | bibir | [bibir] |
| Backenknochen (pl) | tulang pipi | [tulaŋ pipi] |
| Zahnfleisch (n) | gusi | [gusi] |
| Gaumen (m) | langit-langit mulut | [laɲit-laɲit mulut] |
| | | |
| Nasenlöcher (pl) | lubang hidung | [lubaŋ hiduŋ] |
| Kinn (n) | dagu | [dagu] |
| Kiefer (m) | rahang | [rahaŋ] |
| Wange (f) | pipi | [pipi] |
| | | |
| Stirn (f) | dahi | [dahi] |
| Schläfe (f) | pelipis | [pelipis] |
| Ohr (n) | telinga | [teliɲa] |
| Nacken (m) | tengkuk | [teŋku'] |
| Hals (m) | leher | [leher] |
| Kehle (f) | tenggorok | [teŋgoro'] |
| | | |
| Haare (pl) | rambut | [rambut] |
| Frisur (f) | tatanan rambut | [tatanan rambut] |
| Haarschnitt (m) | potongan rambut | [potoɲan rambut] |
| Perücke (f) | wig, rambut palsu | [wig], [rambut palsu] |
| | | |
| Schnurrbart (m) | kumis | [kumis] |
| Bart (m) | janggut | [dʒiaŋgut] |
| haben (einen Bart ~) | memelihara | [memelihara] |
| Zopf (m) | kepang | [kepaŋ] |
| Backenbart (m) | brewok | [brewo'] |
| | | |
| rothaarig | merah pirang | [merah piraŋ] |
| grau | beruban | [beruban] |
| kahl | botak, plontos | [botak], [plontos] |
| Glatze (f) | botak | [bota'] |

| Pferdeschwanz (m) | ekor kuda | [ekor kuda] |
| Pony (Ponyfrisur) | poni rambut | [poni rambut] |

## 62. Menschlicher Körper

| Hand (f) | tangan | [taŋan] |
| Arm (m) | lengan | [leŋan] |

| Finger (m) | jari | [dʒˈari] |
| Zehe (f) | jari | [dʒˈari] |
| Daumen (m) | jempol | [dʒˈempol] |
| kleiner Finger (m) | jari kelingking | [dʒˈari keliŋkiŋ] |
| Nagel (m) | kuku | [kuku] |

| Faust (f) | kepalan tangan | [kepalan taŋan] |
| Handfläche (f) | telapak | [telapaʔ] |
| Handgelenk (n) | pergelangan | [pərgelaŋan] |
| Unterarm (m) | lengan bawah | [leŋan bawah] |
| Ellbogen (m) | siku | [siku] |
| Schulter (f) | bahu | [bahu] |

| Bein (n) | kaki | [kaki] |
| Fuß (m) | telapak kaki | [telapaʼ kaki] |
| Knie (n) | lutut | [lutut] |
| Wade (f) | betis | [betis] |
| Hüfte (f) | paha | [paha] |
| Ferse (f) | tumit | [tumit] |

| Körper (m) | tubuh | [tubuh] |
| Bauch (m) | perut | [perut] |
| Brust (f) | dada | [dada] |
| Busen (m) | payudara | [pajudara] |
| Seite (f), Flanke (f) | rusuk | [rusuʼ] |
| Rücken (m) | punggung | [puŋguŋ] |
| Kreuz (n) | pinggang bawah | [piŋgaŋ bawah] |
| Taille (f) | pinggang | [piŋgaŋ] |

| Nabel (m) | pusar | [pusar] |
| Gesäßbacken (pl) | pantat | [pantat] |
| Hinterteil (n) | pantat | [pantat] |

| Leberfleck (m) | tanda lahir | [tanda lahir] |
| Muttermal (n) | tanda lahir | [tanda lahir] |
| Tätowierung (f) | tato | [tato] |
| Narbe (f) | parut luka | [parut luka] |

## 63. Krankheiten

| Krankheit (f) | penyakit | [penjakit] |
| krank sein | sakit | [sakit] |
| Gesundheit (f) | kesehatan | [kesehatan] |
| Schnupfen (m) | hidung meler | [hiduŋ meler] |

| Angina (f) | radang tonsil | [radaŋ tonsil] |
| Erkältung (f) | pilek, selesma | [pilek], [selesma] |
| sich erkälten | masuk angin | [masuʔ aŋin] |

| Bronchitis (f) | bronkitis | [bronkitis] |
| Lungenentzündung (f) | radang paru-paru | [radaŋ paru-paru] |
| Grippe (f) | flu | [flu] |

| kurzsichtig | rabun jauh | [rabun dʒʲauh] |
| weitsichtig | rabun dekat | [rabun dekat] |
| Schielen (n) | mata juling | [mata dʒʲuliŋ] |
| schielend (Adj) | bermata juling | [bərmata dʒʲuliŋ] |
| grauer Star (m) | katarak | [kataraʔ] |
| Glaukom (n) | glaukoma | [glaukoma] |

| Schlaganfall (m) | stroke | [stroke] |
| Infarkt (m) | infark | [infarʔ] |
| Herzinfarkt (m) | serangan jantung | [seraŋan dʒʲantuŋ] |
| Lähmung (f) | kelumpuhan | [kelumpuhan] |
| lähmen (vt) | melumpuhkan | [melumpuhkan] |

| Allergie (f) | alergi | [alergi] |
| Asthma (n) | asma | [asma] |
| Diabetes (m) | diabetes | [diabetes] |

| Zahnschmerz (m) | sakit gigi | [sakit gigi] |
| Karies (f) | karies | [karies] |

| Durchfall (m) | diare | [diare] |
| Verstopfung (f) | konstipasi, sembelit | [konstipasi], [sembelit] |
| Magenverstimmung (f) | gangguan pencernaan | [gaŋuan pentʃarna'an] |
| Vergiftung (f) | keracunan makanan | [keratʃunan makanan] |
| Vergiftung bekommen | keracunan makanan | [keratʃunan makanan] |

| Arthritis (f) | artritis | [artritis] |
| Rachitis (f) | rakitis | [rakitis] |
| Rheumatismus (m) | rematik | [rematiʔ] |
| Atherosklerose (f) | aterosklerosis | [aterosklerosis] |

| Gastritis (f) | radang perut | [radaŋ pərut] |
| Blinddarmentzündung (f) | apendisitis | [apendisitis] |
| Cholezystitis (f) | radang pundi empedu | [radaŋ pundi empedu] |
| Geschwür (n) | tukak lambung | [tukaʔ lambuŋ] |

| Masern (pl) | penyakit campak | [penjakit tʃampaʔ] |
| Röteln (pl) | penyakit campak Jerman | [penjakit tʃampaʔ dʒʲerman] |
| Gelbsucht (f) | sakit kuning | [sakit kuniŋ] |
| Hepatitis (f) | hepatitis | [hepatitis] |

| Schizophrenie (f) | skizofrenia | [skizofrenia] |
| Tollwut (f) | rabies | [rabies] |
| Neurose (f) | neurosis | [neurosis] |
| Gehirnerschütterung (f) | gegar otak | [gegar otaʔ] |

| Krebs (m) | kanker | [kanker] |
| Sklerose (f) | sklerosis | [sklerosis] |

| multiple Sklerose (f) | sklerosis multipel | [sklerosis multipel] |
|---|---|---|
| Alkoholismus (m) | alkoholisme | [alkoholisme] |
| Alkoholiker (m) | alkoholik | [alkoholiʔ] |
| Syphilis (f) | sifilis | [sifilis] |
| AIDS | AIDS | [ajds] |

| Tumor (m) | tumor | [tumor] |
|---|---|---|
| bösartig | ganas | [ganas] |
| gutartig | jinak | [dʒinaʔ] |

| Fieber (n) | demam | [demam] |
|---|---|---|
| Malaria (f) | malaria | [malaria] |
| Gangrän (f, n) | gangren | [gaŋren] |
| Seekrankheit (f) | mabuk laut | [mabuʔ laut] |
| Epilepsie (f) | epilepsi | [epilepsi] |

| Epidemie (f) | epidemi | [epidemi] |
|---|---|---|
| Typhus (m) | tifus | [tifus] |
| Tuberkulose (f) | tuberkulosis | [tuberkulosis] |
| Cholera (f) | kolera | [kolera] |
| Pest (f) | penyakit pes | [penjakit pes] |

## 64. Symptome. Behandlungen. Teil 1

| Symptom (n) | gejala | [gedʒˈala] |
|---|---|---|
| Temperatur (f) | temperatur, suhu | [temperatur], [suhu] |
| Fieber (n) | temperatur tinggi | [temperatur tiŋgi] |
| Puls (m) | denyut nadi | [denyut nadi] |

| Schwindel (m) | rasa pening | [rasa peniŋ] |
|---|---|---|
| heiß (Stirne usw.) | panas | [panas] |
| Schüttelfrost (m) | menggigil | [meŋgigil] |
| blass (z.B. -es Gesicht) | pucat | [putʃat] |

| Husten (m) | batuk | [batuʔ] |
|---|---|---|
| husten (vi) | batuk | [batuʔ] |
| niesen (vi) | bersin | [bersin] |
| Ohnmacht (f) | pingsan | [piŋsan] |
| ohnmächtig werden | jatuh pingsan | [dʒˈatuh piŋsan] |

| blauer Fleck (m) | luka memar | [luka memar] |
|---|---|---|
| Beule (f) | bengkak | [beŋkaʔ] |
| sich stoßen | terantuk | [terantuʔ] |
| Prellung (f) | luka memar | [luka memar] |
| sich stoßen | kena luka memar | [kena luka memar] |

| hinken (vi) | pincang | [pintʃaŋ] |
|---|---|---|
| Verrenkung (f) | keseleo | [keseleo] |
| ausrenken (vt) | keseleo | [keseleo] |
| Fraktur (f) | fraktura, patah tulang | [fraktura], [patah tulaŋ] |
| brechen (Arm usw.) | patah tulang | [patah tulaŋ] |

| Schnittwunde (f) | teriris | [teriris] |
|---|---|---|
| sich schneiden | teriris | [teriris] |

| Blutung (f) | perdarahan | [pərdarahan] |
| Verbrennung (f) | luka bakar | [luka bakar] |
| sich verbrennen | menderita luka bakar | [mənderita luka bakar] |

| stechen (vt) | menusu | [mənusuʔ] |
| sich stechen | tertusuk | [tərtusuʔ] |
| verletzen (vt) | melukai | [melukaj] |
| Verletzung (f) | cedera | [ʧedera] |
| Wunde (f) | luka | [luka] |
| Trauma (n) | trauma | [trauma] |

| irrereden (vi) | mengigau | [məɲigau] |
| stottern (vi) | gagap | [gagap] |
| Sonnenstich (m) | sengatan matahari | [seŋatan matahari] |

## 65. Symptome. Behandlungen. Teil 2

| Schmerz (m) | sakit | [sakit] |
| Splitter (m) | selumbar | [selumbar] |

| Schweiß (m) | keringat | [keriŋat] |
| schwitzen (vi) | berkeringat | [bərkeriŋat] |
| Erbrechen (n) | muntah | [muntah] |
| Krämpfe (pl) | kram | [kram] |

| schwanger | hamil | [hamil] |
| geboren sein | lahir | [lahir] |
| Geburt (f) | persalinan | [pərsalinan] |
| gebären (vt) | melahirkan | [melahirkan] |
| Abtreibung (f) | aborsi | [aborsi] |

| Atem (m) | pernapasan | [pərnapasan] |
| Atemzug (m) | tarikan napas | [tarikan napas] |
| Ausatmung (f) | napas keluar | [napas keluar] |
| ausatmen (vt) | mengembuskan napas | [məɲembuskan napas] |
| einatmen (vt) | menarik napas | [mənariʔ napas] |

| Invalide (m) | penderita cacat | [penderita ʧaʧat] |
| Krüppel (m) | penderita cacat | [penderita ʧaʧat] |
| Drogenabhängiger (m) | pecandu narkoba | [peʧandu narkoba] |

| taub | tunarungu | [tunaruŋu] |
| stumm | tunawicara | [tunawiʧara] |
| taubstumm | tunarungu-wicara | [tunaruŋu-wiʧara] |

| verrückt (Adj) | gila | [gila] |
| Irre (m) | lelaki gila | [lelaki gila] |
| Irre (f) | perempuan gila | [pərempuan gila] |
| den Verstand verlieren | menggila | [məŋgila] |

| Gen (n) | gen | [gen] |
| Immunität (f) | imunitas | [imunitas] |
| erblich | turun-temurun | [turun-temurun] |
| angeboren | bawaan | [bawaʔan] |

| | | |
|---|---|---|
| Virus (m, n) | **virus** | [virus] |
| Mikrobe (f) | **mikroba** | [mikroba] |
| Bakterie (f) | **bakteri** | [bakteri] |
| Infektion (f) | **infeksi** | [infeksi] |

## 66. Symptome. Behandlungen. Teil 3

| | | |
|---|---|---|
| Krankenhaus (n) | **rumah sakit** | [rumah sakit] |
| Patient (m) | **pasien** | [pasien] |
| | | |
| Diagnose (f) | **diagnosis** | [diagnosis] |
| Heilung (f) | **perawatan** | [perawatan] |
| Behandlung (f) | **pengobatan medis** | [peŋobatan medis] |
| Behandlung bekommen | **berobat** | [berobat] |
| behandeln (vt) | **merawat** | [merawat] |
| pflegen (Kranke) | **merawat** | [merawat] |
| Pflege (f) | **pengasuhan** | [peŋasuhan] |
| | | |
| Operation (f) | **operasi, pembedahan** | [operasi], [pembedahan] |
| verbinden (vt) | **membalut** | [membalut] |
| Verband (m) | **pembalutan** | [pembalutan] |
| | | |
| Impfung (f) | **vaksinasi** | [vaksinasi] |
| impfen (vt) | **memvaksinasi** | [memvaksinasi] |
| Spritze (f) | **suntikan** | [suntikan] |
| eine Spritze geben | **menyuntik** | [menyunti'] |
| | | |
| Anfall (m) | **serangan** | [seraŋan] |
| Amputation (f) | **amputasi** | [amputasi] |
| amputieren (vt) | **mengamputasi** | [meŋamputasi] |
| Koma (n) | **koma** | [koma] |
| im Koma liegen | **dalam keadaan koma** | [dalam keada'an koma] |
| Reanimation (f) | **perawatan intensif** | [perawatan intensif] |
| | | |
| genesen von … (vi) | **sembuh** | [sembuh] |
| Zustand (m) | **keadaan** | [keada'an] |
| Bewusstsein (n) | **kesadaran** | [kesadaran] |
| Gedächtnis (n) | **memori, daya ingat** | [memori], [daja iŋat] |
| | | |
| ziehen (einen Zahn ~) | **mencabut** | [mentʃabut] |
| Plombe (f) | **tambalan** | [tambalan] |
| plombieren (vt) | **menambal** | [menambal] |
| | | |
| Hypnose (f) | **hipnosis** | [hipnosis] |
| hypnotisieren (vt) | **menghipnosis** | [meŋhipnosis] |

## 67. Medizin. Medikamente. Accessoires

| | | |
|---|---|---|
| Arznei (f) | **obat** | [obat] |
| Heilmittel (n) | **obat** | [obat] |
| verschreiben (vt) | **meresepkan** | [meresepkan] |
| Rezept (n) | **resep** | [resep] |

| Tablette (f) | pil, tablet | [pil], [tablet] |
|---|---|---|
| Salbe (f) | salep | [salep] |
| Ampulle (f) | ampul | [ampul] |
| Mixtur (f) | obat cair | [obat ʧajr] |
| Sirup (m) | sirop | [sirop] |
| Pille (f) | pil | [pil] |
| Pulver (n) | bubuk | [bubuʔ] |

| Verband (m) | perban | [perban] |
|---|---|---|
| Watte (f) | kapas | [kapas] |
| Jod (n) | iodium | [iodium] |

| Pflaster (n) | plester obat | [plester obat] |
|---|---|---|
| Pipette (f) | tetes mata | [tetes mata] |
| Thermometer (n) | termometer | [termometer] |
| Spritze (f) | alat suntik | [alat suntiʔ] |

| Rollstuhl (m) | kursi roda | [kursi roda] |
|---|---|---|
| Krücken (pl) | kruk | [kruʔ] |

| Betäubungsmittel (n) | obat bius | [obat bius] |
|---|---|---|
| Abführmittel (n) | laksatif, obat pencuci perut | [laksatif], [obat penʧuʧi perut] |
| Spiritus (m) | spiritus, alkohol | [spiritus], [alkohol] |
| Heilkraut (n) | tanaman obat | [tanaman obat] |
| Kräuter- (z.B. Kräutertee) | herbal | [herbal] |

# WOHNUNG

## 68. Wohnung

| | | |
|---|---|---|
| Wohnung (f) | apartemen | [apartemen] |
| Zimmer (n) | kamar | [kamar] |
| Schlafzimmer (n) | kamar tidur | [kamar tidur] |
| Esszimmer (n) | ruang makan | [ruaŋ makan] |
| Wohnzimmer (n) | ruang tamu | [ruaŋ tamu] |
| Arbeitszimmer (n) | ruang kerja | [ruaŋ kerdʒʲa] |
| Vorzimmer (n) | ruang depan | [ruaŋ depan] |
| Badezimmer (n) | kamar mandi | [kamar mandi] |
| Toilette (f) | kamar kecil | [kamar ketʃil] |
| Decke (f) | plafon, langit-langit | [plafon], [laŋit-laŋit] |
| Fußboden (m) | lantai | [lantaj] |
| Ecke (f) | sudut | [sudut] |

## 69. Möbel. Innenausstattung

| | | |
|---|---|---|
| Möbel (n) | mebel | [mebel] |
| Tisch (m) | meja | [medʒʲa] |
| Stuhl (m) | kursi | [kursi] |
| Bett (n) | ranjang | [randʒʲaŋ] |
| Sofa (n) | dipan | [dipan] |
| Sessel (m) | kursi malas | [kursi malas] |
| Bücherschrank (m) | lemari buku | [lemari buku] |
| Regal (n) | rak | [ra'] |
| Schrank (m) | lemari pakaian | [lemari pakajan] |
| Hakenleiste (f) | kapstok | [kapsto'] |
| Kleiderständer (m) | kapstok berdiri | [kapsto' berdiri] |
| Kommode (f) | lemari laci | [lemari latʃi] |
| Couchtisch (m) | meja kopi | [medʒʲa kopi] |
| Spiegel (m) | cermin | [tʃermin] |
| Teppich (m) | permadani | [permadani] |
| Matte (kleiner Teppich) | karpet kecil | [karpet ketʃil] |
| Kamin (m) | perapian | [perapian] |
| Kerze (f) | lilin | [lilin] |
| Kerzenleuchter (m) | kaki lilin | [kaki lilin] |
| Vorhänge (pl) | gorden | [gorden] |
| Tapete (f) | kertas dinding | [kertas dindiŋ] |

| Jalousie (f) | kerai | [keraj] |
|---|---|---|
| Tischlampe (f) | lampu meja | [lampu medʒ|a] |
| Leuchte (f) | lampu dinding | [lampu dindiŋ] |
| Stehlampe (f) | lampu lantai | [lampu lantaj] |
| Kronleuchter (m) | lampu bercabang | [lampu bərtʃabaŋ] |

| Bein (Tischbein usw.) | kaki | [kaki] |
|---|---|---|
| Armlehne (f) | lengan | [leŋan] |
| Lehne (f) | sandaran | [sandaran] |
| Schublade (f) | laci | [latʃi] |

## 70. Bettwäsche

| Bettwäsche (f) | kain kasur | [kain kasur] |
|---|---|---|
| Kissen (n) | bantal | [bantal] |
| Kissenbezug (m) | sarung bantal | [saruŋ bantal] |
| Bettdecke (f) | selimut | [selimut] |
| Laken (n) | seprai | [sepraj] |
| Tagesdecke (f) | selubung kasur | [selubuŋ kasur] |

## 71. Küche

| Küche (f) | dapur | [dapur] |
|---|---|---|
| Gas (n) | gas | [gas] |
| Gasherd (m) | kompor gas | [kompor gas] |
| Elektroherd (m) | kompor listrik | [kompor listriʔ] |
| Backofen (m) | oven | [oven] |
| Mikrowellenherd (m) | microwave | [majkrowav] |

| Kühlschrank (m) | lemari es, kulkas | [lemari es], [kulkas] |
|---|---|---|
| Tiefkühltruhe (f) | lemari pembeku | [lemari pembeku] |
| Geschirrspülmaschine (f) | mesin pencuci piring | [mesin pentʃutʃi piriŋ] |

| Fleischwolf (m) | alat pelumat daging | [alat pelumat dagiŋ] |
|---|---|---|
| Saftpresse (f) | mesin sari buah | [mesin sari buah] |
| Toaster (m) | alat pemanggang roti | [alat pemaŋgaŋ roti] |
| Mixer (m) | pencampur | [pentʃampur] |

| Kaffeemaschine (f) | mesin pembuat kopi | [mesin pembuat kopi] |
|---|---|---|
| Kaffeekanne (f) | teko kopi | [teko kopi] |
| Kaffeemühle (f) | mesin penggiling kopi | [mesin peŋgiliŋ kopi] |

| Wasserkessel (m) | cerek | [tʃereʔ] |
|---|---|---|
| Teekanne (f) | teko | [teko] |
| Deckel (m) | tutup | [tutup] |
| Teesieb (n) | saringan teh | [sariŋan teh] |

| Löffel (m) | sendok | [sendoʔ] |
|---|---|---|
| Teelöffel (m) | sendok teh | [sendoʔ teh] |
| Esslöffel (m) | sendok makan | [sendoʔ makan] |
| Gabel (f) | garpu | [garpu] |
| Messer (n) | pisau | [pisau] |

| Geschirr (n) | piring mangkuk | [piriŋ maŋkuˀ] |
| Teller (m) | piring | [piriŋ] |
| Untertasse (f) | alas cangkir | [alas ʧaŋkir] |

| Schnapsglas (n) | seloki | [seloki] |
| Glas (n) | gelas | [gelas] |
| Tasse (f) | cangkir | [ʧaŋkir] |

| Zuckerdose (f) | wadah gula | [wadah gula] |
| Salzstreuer (m) | wadah garam | [wadah garam] |
| Pfefferstreuer (m) | wadah merica | [wadah meriʧa] |
| Butterdose (f) | wadah mentega | [wadah mentega] |

| Kochtopf (m) | panci | [panʧi] |
| Pfanne (f) | kuali | [kuali] |
| Schöpflöffel (m) | sudu | [sudu] |
| Durchschlag (m) | saringan | [sariŋan] |
| Tablett (n) | talam | [talam] |

| Flasche (f) | botol | [botol] |
| Glas (Einmachglas) | gelas | [gelas] |
| Dose (f) | kaleng | [kaleŋ] |

| Flaschenöffner (m) | pembuka botol | [pembuka botol] |
| Dosenöffner (m) | pembuka kaleng | [pembuka kaleŋ] |
| Korkenzieher (m) | kotrek | [kotreˀ] |
| Filter (n) | saringan | [sariŋan] |
| filtern (vt) | saringan | [sariŋan] |

| Müll (m) | sampah | [sampah] |
| Mülleimer, Treteimer (m) | tong sampah | [toŋ sampah] |

## 72. Bad

| Badezimmer (n) | kamar mandi | [kamar mandi] |
| Wasser (n) | air | [air] |
| Wasserhahn (m) | keran | [keran] |
| Warmwasser (n) | air panas | [air panas] |
| Kaltwasser (n) | air dingin | [air diŋin] |

| Zahnpasta (f) | pasta gigi | [pasta gigi] |
| Zähne putzen | menggosok gigi | [məŋgosoˀ gigi] |
| Zahnbürste (f) | sikat gigi | [sikat gigi] |

| sich rasieren | bercukur | [bərʧukur] |
| Rasierschaum (m) | busa cukur | [busa ʧukur] |
| Rasierer (m) | pisau cukur | [pisau ʧukur] |

| waschen (vt) | mencuci | [mənʧuʧi] |
| sich waschen | mandi | [mandi] |
| Dusche (f) | pancuran | [panʧuran] |
| sich duschen | mandi pancuran | [mandi panʧuran] |
| Badewanne (f) | bak mandi | [baˀ mandi] |
| Klosettbecken (n) | kloset | [kloset] |

| Waschbecken (n) | wastafel | [wastafel] |
| Seife (f) | sabun | [sabun] |
| Seifenschale (f) | wadah sabun | [wadah sabun] |

| Schwamm (m) | spons | [spons] |
| Shampoo (n) | sampo | [sampo] |
| Handtuch (n) | handuk | [handuʔ] |
| Bademantel (m) | jubah mandi | [dʒˈubah mandi] |

| Wäsche (f) | pencucian | [pentʃutʃian] |
| Waschmaschine (f) | mesin cuci | [mesin tʃutʃi] |
| waschen (vt) | mencuci | [mentʃutʃi] |
| Waschpulver (n) | deterjen cuci | [deterdʒˈen tʃutʃi] |

## 73. Haushaltsgeräte

| Fernseher (m) | pesawat TV | [pesawat ti-vi] |
| Tonbandgerät (n) | alat perekam | [alat perekam] |
| Videorekorder (m) | video, VCR | [vidio], [vi-si-er] |
| Empfänger (m) | radio | [radio] |
| Player (m) | pemutar | [pemutar] |

| Videoprojektor (m) | proyektor video | [proektor video] |
| Heimkino (n) | bioskop rumah | [bioskop rumah] |
| DVD-Player (m) | pemutar DVD | [pemutar di-vi-di] |
| Verstärker (m) | penguat | [peŋuat] |
| Spielkonsole (f) | konsol permainan video | [konsol permajnan video] |

| Videokamera (f) | kamera video | [kamera video] |
| Kamera (f) | kamera | [kamera] |
| Digitalkamera (f) | kamera digital | [kamera digital] |

| Staubsauger (m) | pengisap debu | [peŋisap debu] |
| Bügeleisen (n) | setrika | [setrika] |
| Bügelbrett (n) | papan setrika | [papan setrika] |

| Telefon (n) | telepon | [telepon] |
| Mobiltelefon (n) | ponsel | [ponsel] |
| Schreibmaschine (f) | mesin ketik | [mesin ketiʔ] |
| Nähmaschine (f) | mesin jahit | [mesin dʒˈahit] |

| Mikrophon (n) | mikrofon | [mikrofon] |
| Kopfhörer (m) | headphone, fonkepala | [headphone], [fonkepala] |
| Fernbedienung (f) | panel kendali | [panel kendali] |

| CD (f) | cakram kompak | [tʃakram kompaʔ] |
| Kassette (f) | kaset | [kaset] |
| Schallplatte (f) | piringan hitam | [piriŋan hitam] |

# DIE ERDE. WETTER

## 74. Weltall

| | | |
|---|---|---|
| Kosmos (m) | angkasa | [aŋkasa] |
| kosmisch, Raum- | angkasa | [aŋkasa] |
| Weltraum (m) | ruang angkasa | [ruaŋ aŋkasa] |
| All (n) | dunia | [dunia] |
| Universum (n) | jagat raya | [dʒˈagat raja] |
| Galaxie (f) | galaksi | [galaksi] |
| Stern (m) | bintang | [bintaŋ] |
| Gestirn (n) | gugusan bintang | [gugusan bintaŋ] |
| Planet (m) | planet | [planet] |
| Satellit (m) | satelit | [satelit] |
| Meteorit (m) | meteorit | [meteorit] |
| Komet (m) | komet | [komet] |
| Asteroid (m) | asteroid | [asteroid] |
| Umlaufbahn (f) | orbit | [orbit] |
| sich drehen | berputar | [bərputar] |
| Atmosphäre (f) | atmosfer | [atmosfer] |
| Sonne (f) | matahari | [matahari] |
| Sonnensystem (n) | tata surya | [tata surja] |
| Sonnenfinsternis (f) | gerhana matahari | [gerhana matahari] |
| Erde (f) | Bumi | [bumi] |
| Mond (m) | Bulan | [bulan] |
| Mars (m) | Mars | [mars] |
| Venus (f) | Venus | [venus] |
| Jupiter (m) | Yupiter | [yupiter] |
| Saturn (m) | Saturnus | [saturnus] |
| Merkur (m) | Merkurius | [merkurius] |
| Uran (m) | Uranus | [uranus] |
| Neptun (m) | Neptunus | [neptunus] |
| Pluto (m) | Pluto | [pluto] |
| Milchstraße (f) | Bimasakti | [bimasakti] |
| Der Große Bär | Ursa Major | [ursa madʒor] |
| Polarstern (m) | Bintang Utara | [bintaŋ utara] |
| Marsbewohner (m) | makhluk Mars | [mahlu' mars] |
| Außerirdischer (m) | makhluk ruang angkasa | [mahlu' ruaŋ aŋkasa] |
| außerirdisches Wesen (n) | alien, makhluk asing | [alien], [mahlu' asiŋ] |
| fliegende Untertasse (f) | piring terbang | [piriŋ tərbaŋ] |
| Raumschiff (n) | kapal antariksa | [kapal antariksa] |

| Raumstation (f) | stasiun antariksa | [stasiun antariksa] |
| Raketenstart (m) | peluncuran | [peluntʃuran] |
| Triebwerk (n) | mesin | [mesin] |
| Düse (f) | nosel | [nosel] |
| Treibstoff (m) | bahan bakar | [bahan bakar] |

| Kabine (f) | kokpit | [kokpit] |
| Antenne (f) | antena | [antena] |
| Bullauge (n) | jendela | [ʤendela] |
| Sonnenbatterie (f) | sel surya | [sel surja] |
| Raumanzug (m) | pakaian antariksa | [pakajan antariksa] |

| Schwerelosigkeit (f) | keadaan tanpa bobot | [keada'an tanpa bobot] |
| Sauerstoff (m) | oksigen | [oksigen] |
| Ankopplung (f) | penggabungan | [peŋgabuŋan] |
| koppeln (vi) | bergabung | [bərgabuŋ] |

| Observatorium (n) | observatorium | [observatorium] |
| Teleskop (n) | teleskop | [teleskop] |
| beobachten (vt) | mengamati | [məŋamati] |
| erforschen (vt) | mengeksplorasi | [məŋeksplorasi] |

## 75. Die Erde

| Erde (f) | Bumi | [bumi] |
| Erdkugel (f) | bola Bumi | [bola bumi] |
| Planet (m) | planet | [planet] |

| Atmosphäre (f) | atmosfer | [atmosfer] |
| Geographie (f) | geografi | [geografi] |
| Natur (f) | alam | [alam] |

| Globus (m) | globe | [globe] |
| Landkarte (f) | peta | [peta] |
| Atlas (m) | atlas | [atlas] |

| Europa (n) | Eropa | [eropa] |
| Asien (n) | Asia | [asia] |
| Afrika (n) | Afrika | [afrika] |
| Australien (n) | Australia | [australia] |

| Amerika (n) | Amerika | [amerika] |
| Nordamerika (n) | Amerika Utara | [amerika utara] |
| Südamerika (n) | Amerika Selatan | [amerika selatan] |

| Antarktis (f) | Antartika | [antartika] |
| Arktis (f) | Arktika | [arktika] |

## 76. Himmelsrichtungen

| Norden (m) | utara | [utara] |
| nach Norden | ke utara | [ke utara] |

| im Norden | di utara | [di utara] |
| nördlich | utara | [utara] |

| Süden (m) | selatan | [selatan] |
| nach Süden | ke selatan | [ke selatan] |
| im Süden | di selatan | [di selatan] |
| südlich | selatan | [selatan] |

| Westen (m) | barat | [barat] |
| nach Westen | ke barat | [ke barat] |
| im Westen | di barat | [di barat] |
| westlich, West- | barat | [barat] |

| Osten (m) | timur | [timur] |
| nach Osten | ke timur | [ke timur] |
| im Osten | di timur | [di timur] |
| östlich | timur | [timur] |

## 77. Meer. Ozean

| Meer (n), See (f) | laut | [laut] |
| Ozean (m) | samudra | [samudra] |
| Golf (m) | teluk | [teluʔ] |
| Meerenge (f) | selat | [selat] |

| Festland (n) | daratan | [daratan] |
| Kontinent (m) | benua | [benua] |

| Insel (f) | pulau | [pulau] |
| Halbinsel (f) | semenanjung, jazirah | [semenandʒˈuŋ], [dʒˈazirah] |
| Archipel (m) | kepulauan | [kepulauan] |

| Bucht (f) | teluk | [teluʔ] |
| Hafen (m) | pelabuhan | [pelabuhan] |
| Lagune (f) | laguna | [laguna] |
| Kap (n) | tanjung | [tandʒˈuŋ] |

| Atoll (n) | pulau karang | [pulau karaŋ] |
| Riff (n) | terumbu | [terumbu] |
| Koralle (f) | karang | [karaŋ] |
| Korallenriff (n) | terumbu karang | [terumbu karaŋ] |

| tief (Adj) | dalam | [dalam] |
| Tiefe (f) | kedalaman | [kedalaman] |
| Abgrund (m) | jurang | [dʒˈuraŋ] |
| Graben (m) | palung | [paluŋ] |

| Strom (m) | arus | [arus] |
| umspülen (vt) | berbatasan dengan | [berbatasan deŋan] |

| Ufer (n) | pantai | [pantaj] |
| Küste (f) | pantai | [pantaj] |
| Flut (f) | air pasang | [air pasaŋ] |
| Ebbe (f) | air surut | [air surut] |

| Sandbank (f) | beting | [betiŋ] |
| Boden (m) | dasar | [dasar] |

| Welle (f) | gelombang | [gelombaŋ] |
| Wellenkamm (m) | puncak gelombang | [puntʃaʔ gelombaŋ] |
| Schaum (m) | busa, buih | [busa], [buih] |

| Sturm (m) | badai | [badaj] |
| Orkan (m) | topan | [topan] |
| Tsunami (m) | tsunami | [tsunami] |
| Windstille (f) | angin tenang | [aŋin tenaŋ] |
| ruhig | tenang | [tenaŋ] |

| Pol (m) | kutub | [kutub] |
| Polar- | kutub | [kutub] |

| Breite (f) | lintang | [lintaŋ] |
| Länge (f) | garis bujur | [garis budʒʲur] |
| Breitenkreis (m) | sejajar | [sedʒʲadʒʲar] |
| Äquator (m) | khatulistiwa | [hatulistiwa] |

| Himmel (m) | langit | [laŋit] |
| Horizont (m) | horizon | [horizon] |
| Luft (f) | udara | [udara] |

| Leuchtturm (m) | mercusuar | [mertʃusuar] |
| tauchen (vi) | menyelam | [mənjelam] |
| versinken (vi) | karam | [karam] |
| Schätze (pl) | harta karun | [harta karun] |

## 78. Namen der Meere und Ozeane

| Atlantischer Ozean (m) | Samudra Atlantik | [samudra atlantiʔ] |
| Indischer Ozean (m) | Samudra Hindia | [samudra hindia] |
| Pazifischer Ozean (m) | Samudra Pasifik | [samudra pasifiʔ] |
| Arktischer Ozean (m) | Samudra Arktik | [samudra arktiʔ] |

| Schwarzes Meer (n) | Laut Hitam | [laut hitam] |
| Rotes Meer (n) | Laut Merah | [laut merah] |
| Gelbes Meer (n) | Laut Kuning | [laut kuniŋ] |
| Weißes Meer (n) | Laut Putih | [laut putih] |

| Kaspisches Meer (n) | Laut Kaspia | [laut kaspia] |
| Totes Meer (n) | Laut Mati | [laut mati] |
| Mittelmeer (n) | Laut Tengah | [laut teŋah] |

| Ägäisches Meer (n) | Laut Aegean | [laut aegean] |
| Adriatisches Meer (n) | Laut Adriatik | [laut adriatiʔ] |

| Arabisches Meer (n) | Laut Arab | [laut arab] |
| Japanisches Meer (n) | Laut Jepang | [laut dʒʲepaŋ] |
| Beringmeer (n) | Laut Bering | [laut beriŋ] |
| Südchinesisches Meer (n) | Laut Cina Selatan | [laut tʃina selatan] |
| Korallenmeer (n) | Laut Karang | [laut karaŋ] |

| | | |
|---|---|---|
| Tasmansee (f) | Laut Tasmania | [laut tasmania] |
| Karibisches Meer (n) | Laut Karibia | [laut karibia] |
| Barentssee (f) | Laut Barents | [laut barents] |
| Karasee (f) | Laut Kara | [laut kara] |
| Nordsee (f) | Laut Utara | [laut utara] |
| Ostsee (f) | Laut Baltik | [laut balti'] |
| Nordmeer (n) | Laut Norwegia | [laut norwegia] |

## 79. Berge

| | | |
|---|---|---|
| Berg (m) | gunung | [gunuŋ] |
| Gebirgskette (f) | jajaran gunung | [dʒʲadʒʲaran gunuŋ] |
| Bergrücken (m) | sisir gunung | [sisir gunuŋ] |
| Gipfel (m) | puncak | [puntʃa'] |
| Spitze (f) | puncak | [puntʃa'] |
| Bergfuß (m) | kaki | [kaki] |
| Abhang (m) | lereng | [lereŋ] |
| Vulkan (m) | gunung api | [gunuŋ api] |
| tätiger Vulkan (m) | gunung api yang aktif | [gunuŋ api yaŋ aktif] |
| schlafender Vulkan (m) | gunung api yang tidak aktif | [gunuŋ api yaŋ tida' aktif] |
| Ausbruch (m) | erupsi, letusan | [erupsi], [letusan] |
| Krater (m) | kawah | [kawah] |
| Magma (n) | magma | [magma] |
| Lava (f) | lava, lahar | [lava], [lahar] |
| glühend heiß (-e Lava) | pijar | [pidʒʲar] |
| Cañon (m) | kanyon | [kanjon] |
| Schlucht (f) | jurang | [dʒʲuraŋ] |
| Spalte (f) | celah | [tʃelah] |
| Abgrund (m) (steiler ~) | jurang | [dʒʲuraŋ] |
| Gebirgspass (m) | pass, celah | [pass], [tʃelah] |
| Plateau (n) | plato, dataran tinggi | [plato], [dataran tiŋgi] |
| Fels (m) | tebing | [tebiŋ] |
| Hügel (m) | bukit | [bukit] |
| Gletscher (m) | gletser | [gletser] |
| Wasserfall (m) | air terjun | [air terdʒʲun] |
| Geiser (m) | geiser | [geyser] |
| See (m) | danau | [danau] |
| Ebene (f) | dataran | [dataran] |
| Landschaft (f) | landskap | [landskap] |
| Echo (n) | gema | [gema] |
| Bergsteiger (m) | pendaki gunung | [pendaki gunuŋ] |
| Kletterer (m) | pemanjat tebing | [pemandʒʲat tebiŋ] |
| bezwingen (vt) | menaklukkan | [menaklu'kan] |
| Aufstieg (m) | pendakian | [pendakian] |

## 80. Namen der Berge

| Alpen (pl) | Alpen | [alpen] |
| Montblanc (m) | Mont Blanc | [mon blan] |
| Pyrenäen (pl) | Pirenia | [pirenia] |

| Karpaten (pl) | Pegunungan Karpatia | [pegunuŋan karpatia] |
| Uralgebirge (n) | Pegunungan Ural | [pegunuŋan ural] |
| Kaukasus (m) | Kaukasus | [kaukasus] |
| Elbrus (m) | Elbrus | [elbrus] |

| Altai (m) | Altai | [altaj] |
| Tian Shan (m) | Tien Shan | [tjen ʃan] |
| Pamir (m) | Pegunungan Pamir | [pegunuŋan pamir] |
| Himalaja (m) | Himalaya | [himalaja] |
| Everest (m) | Everest | [everest] |

| Anden (pl) | Andes | [andes] |
| Kilimandscharo (m) | Kilimanjaro | [kilimandʒiaro] |

## 81. Flüsse

| Fluss (m) | sungai | [suŋaj] |
| Quelle (f) | mata air | [mata air] |
| Flussbett (n) | badan sungai | [badan suŋaj] |
| Stromgebiet (n) | basin | [basin] |
| einmünden in ... | mengalir ke ... | [məŋalir ke ...] |

| Nebenfluss (m) | anak sungai | [ana' suŋaj] |
| Ufer (n) | tebing sungai | [tebiŋ suŋaj] |

| Strom (m) | arus | [arus] |
| stromabwärts | ke hilir | [ke hilir] |
| stromaufwärts | ke hulu | [ke hulu] |

| Überschwemmung (f) | banjir | [bandʒir] |
| Hochwasser (n) | banjir | [bandʒir] |
| aus den Ufern treten | membanjiri | [membandʒiri] |
| überfluten (vt) | membanjiri | [membandʒiri] |

| Sandbank (f) | beting | [betiŋ] |
| Stromschnelle (f) | jeram | [dʒieram] |

| Damm (m) | dam, bendungan | [dam], [benduŋan] |
| Kanal (m) | kanal, terusan | [kanal], [tərusan] |
| Stausee (m) | waduk | [wadu'] |
| Schleuse (f) | pintu air | [pintu air] |

| Gewässer (n) | kolam | [kolam] |
| Sumpf (m), Moor (n) | rawa | [rawa] |
| Marsch (f) | bencah, paya | [bentʃah], [paja] |
| Strudel (m) | pusaran air | [pusaran air] |
| Bach (m) | selokan | [selokan] |

| Trink- (z.B. Trinkwasser) | minum | [minum] |
| Süß- (Wasser) | tawar | [tawar] |

| Eis (n) | es | [es] |
| zufrieren (vi) | membeku | [membeku] |

## 82. Namen der Flüsse

| Seine (f) | Seine | [seine] |
| Loire (f) | Loire | [loire] |

| Themse (f) | Thames | [tems] |
| Rhein (m) | Rein | [reyn] |
| Donau (f) | Donau | [donau] |

| Wolga (f) | Volga | [volga] |
| Don (m) | Don | [don] |
| Lena (f) | Lena | [lena] |

| Gelber Fluss (m) | Suang Kuning | [suaŋ kuniŋ] |
| Jangtse (m) | Yangtze | [yaŋtze] |
| Mekong (m) | Mekong | [mekoŋ] |
| Ganges (m) | Gangga | [gaŋga] |

| Nil (m) | Sungai Nil | [suŋaj nil] |
| Kongo (m) | Kongo | [koŋo] |
| Okavango (m) | Okavango | [okavaŋo] |
| Sambesi (m) | Zambezi | [zambezi] |
| Limpopo (m) | Limpopo | [limpopo] |
| Mississippi (m) | Mississippi | [misisipi] |

## 83. Wald

| Wald (m) | hutan | [hutan] |
| Wald- | hutan | [hutan] |

| Dickicht (n) | hutan lebat | [hutan lebat] |
| Gehölz (n) | hutan kecil | [hutan ketʃil] |
| Lichtung (f) | pembukaan hutan | [pembukaʔan hutan] |

| Dickicht (n) | semak belukar | [semaʔ belukar] |
| Gebüsch (n) | belukar | [belukar] |

| Fußweg (m) | jalan setapak | [dʒʲalan setapaʔ] |
| Erosionsrinne (f) | parit | [parit] |

| Baum (m) | pohon | [pohon] |
| Blatt (n) | daun | [daun] |
| Laub (n) | daun-daunan | [daun-daunan] |

| Laubfall (m) | daun berguguran | [daun berguguran] |
| fallen (Blätter) | luruh | [luruh] |

| Wipfel (m) | puncak | [puntʃaʔ] |
| Zweig (m) | cabang | [tʃabaŋ] |
| Ast (m) | dahan | [dahan] |
| Knospe (f) | tunas | [tunas] |
| Nadel (f) | daun jarum | [daun dʒiarum] |
| Zapfen (m) | buah pinus | [buah pinus] |

| Höhlung (f) | lubang pohon | [lubaŋ pohon] |
| Nest (n) | sarang | [saraŋ] |
| Höhle (f) | lubang | [lubaŋ] |

| Stamm (m) | batang | [bataŋ] |
| Wurzel (f) | akar | [akar] |
| Rinde (f) | kulit | [kulit] |
| Moos (n) | lumut | [lumut] |

| entwurzeln (vt) | mencabut | [mentʃabut] |
| fällen (vt) | menebang | [mənebaŋ] |
| abholzen (vt) | deforestasi, penggundulan hutan | [deforestasi], [peŋgundulan hutan] |
| Baumstumpf (m) | tunggul | [tuŋgul] |

| Lagerfeuer (n) | api unggun | [api uŋgun] |
| Waldbrand (m) | kebakaran hutan | [kebakaran hutan] |
| löschen (vt) | memadamkan | [memadamkan] |

| Förster (m) | penjaga hutan | [pendʒiaga hutan] |
| Schutz (m) | perlindungan | [pərlinduŋan] |
| beschützen (vt) | melindungi | [melinduɲi] |
| Wilddieb (m) | pemburu ilegal | [pemburu ilegal] |
| Falle (f) | perangkap | [pəraŋkap] |

| sammeln, pflücken (vt) | memetik | [memetiʔ] |
| sich verirren | tersesat | [tərsesat] |

## 84. natürliche Lebensgrundlagen

| Naturressourcen (pl) | sumber daya alam | [sumber daja alam] |
| Bodenschätze (pl) | bahan tambang | [bahan tambaŋ] |
| Vorkommen (n) | endapan | [endapan] |
| Feld (Ölfeld usw.) | ladang | [ladaŋ] |

| gewinnen (vt) | menambang | [mənambaŋ] |
| Gewinnung (f) | pertambangan | [pərtambaŋan] |
| Erz (n) | bijih | [bidʒih] |
| Bergwerk (n) | tambang | [tambaŋ] |
| Schacht (m) | sumur tambang | [sumur tambaŋ] |
| Bergarbeiter (m) | penambang | [penambaŋ] |

| Erdgas (n) | gas | [gas] |
| Gasleitung (f) | pipa saluran gas | [pipa saluran gas] |

| Erdöl (n) | petroleum, minyak | [petroleum], [minjaʔ] |
| Erdölleitung (f) | pipa saluran minyak | [pipa saluran minjaʔ] |

| Ölquelle (f) | sumur minyak | [sumur minjaʔ] |
| Bohrturm (m) | menara bor minyak | [mənara bor minjaʔ] |
| Tanker (m) | kapal tangki | [kapal taŋki] |

| Sand (m) | pasir | [pasir] |
| Kalkstein (m) | batu kapur | [batu kapur] |
| Kies (m) | kerikil | [kerikil] |
| Torf (m) | gambut | [gambut] |
| Ton (m) | tanah liat | [tanah liat] |
| Kohle (f) | arang | [araŋ] |

| Eisen (n) | besi | [besi] |
| Gold (n) | emas | [emas] |
| Silber (n) | perak | [peraʔ] |
| Nickel (n) | nikel | [nikel] |
| Kupfer (n) | tembaga | [tembaga] |

| Zink (n) | seng | [seŋ] |
| Mangan (n) | mangan | [maŋan] |
| Quecksilber (n) | air raksa | [air raksa] |
| Blei (n) | timbal | [timbal] |

| Mineral (n) | mineral | [mineral] |
| Kristall (m) | kristal, hablur | [kristal], [hablur] |
| Marmor (m) | marmer | [marmer] |
| Uran (n) | uranium | [uranium] |

## 85. Wetter

| Wetter (n) | cuaca | [tʃuatʃa] |
| Wetterbericht (m) | prakiraan cuaca | [prakiraʔan tʃuatʃa] |
| Temperatur (f) | temperatur, suhu | [temperatur], [suhu] |
| Thermometer (n) | termometer | [tərmometər] |
| Barometer (n) | barometer | [barometer] |

| feucht | lembap | [lembap] |
| Feuchtigkeit (f) | kelembapan | [kelembapan] |

| Hitze (f) | panas, gerah | [panas], [gerah] |
| glutheiß | panas terik | [panas təriʔ] |
| ist heiß | panas | [panas] |

| ist warm | hangat | [haŋat] |
| warm (Adj) | hangat | [haŋat] |

| ist kalt | dingin | [diŋin] |
| kalt (Adj) | dingin | [diŋin] |

| Sonne (f) | matahari | [matahari] |
| scheinen (vi) | bersinar | [bərsinar] |
| sonnig (Adj) | cerah | [tʃerah] |
| aufgehen (vi) | terbit | [terbit] |
| untergehen (vi) | terbenam | [tərbenam] |
| Wolke (f) | awan | [awan] |

| bewölkt, wolkig | berawan | [bərawan] |
| Regenwolke (f) | awan mendung | [awan menduŋ] |
| trüb (-er Tag) | mendung | [menduŋ] |

| Regen (m) | hujan | [hudʒʲan] |
| Es regnet | hujan turun | [hudʒʲan turun] |
| regnerisch (-er Tag) | hujan | [hudʒʲan] |
| nieseln (vi) | gerimis | [gerimis] |

| strömender Regen (m) | hujan lebat | [hudʒʲan lebat] |
| Regenschauer (m) | hujan lebat | [hudʒʲan lebat] |
| stark (-er Regen) | lebat | [lebat] |
| Pfütze (f) | kubangan | [kubaŋan] |
| nass werden (vi) | kehujanan | [kehudʒʲanan] |

| Nebel (m) | kabut | [kabut] |
| neblig (-er Tag) | berkabut | [bərkabut] |
| Schnee (m) | salju | [saldʒʲu] |
| Es schneit | turun salju | [turun saldʒʲu] |

## 86. Unwetter Naturkatastrophen

| Gewitter (n) | hujan badai | [hudʒʲan badaj] |
| Blitz (m) | kilat | [kilat] |
| blitzen (vi) | berkilau | [bərkilau] |

| Donner (m) | petir | [petir] |
| donnern (vi) | bergemuruh | [bərgemuruh] |
| Es donnert | bergemuruh | [bərgemuruh] |

| Hagel (m) | hujan es | [hudʒʲan es] |
| Es hagelt | hujan es | [hudʒʲan es] |

| überfluten (vt) | membanjiri | [membandʒiri] |
| Überschwemmung (f) | banjir | [bandʒir] |

| Erdbeben (n) | gempa bumi | [gempa bumi] |
| Erschütterung (f) | gempa | [gempa] |
| Epizentrum (n) | episentrum | [episentrum] |

| Ausbruch (m) | erupsi, letusan | [erupsi], [letusan] |
| Lava (f) | lava, lahar | [lava], [lahar] |

| Wirbelsturm (m) | puting beliung | [putiŋ beliuŋ] |
| Tornado (m) | tornado | [tornado] |
| Taifun (m) | topan | [topan] |

| Orkan (m) | topan | [topan] |
| Sturm (m) | badai | [badaj] |
| Tsunami (m) | tsunami | [tsunami] |

| Zyklon (m) | siklon | [siklon] |
| Unwetter (n) | cuaca buruk | [tʃuatʃa buruʔ] |
| Brand (m) | kebakaran | [kebakaran] |

| Katastrophe (f) | bencana | [bentʃana] |
| Meteorit (m) | meteorit | [meteorit] |

| Lawine (f) | longsor | [loŋsor] |
| Schneelawine (f) | salju longsor | [saldʒ'u loŋsor] |
| Schneegestöber (n) | badai salju | [badaj saldʒ'u] |
| Schneesturm (m) | badai salju | [badaj saldʒ'u] |

# FAUNA

## 87. Säugetiere. Raubtiere

| | | |
|---|---|---|
| Raubtier (n) | predator, pemangsa | [predator], [pemaŋsa] |
| Tiger (m) | harimau | [harimau] |
| Löwe (m) | singa | [siŋa] |
| Wolf (m) | serigala | [serigala] |
| Fuchs (m) | rubah | [rubah] |
| | | |
| Jaguar (m) | jaguar | [dʒˈaguar] |
| Leopard (m) | leopard, macan tutul | [leopard], [matʃan tutul] |
| Gepard (m) | cheetah | [tʃeetah] |
| | | |
| Panther (m) | harimau kumbang | [harimau kumbaŋ] |
| Puma (m) | singa gunung | [siŋa gunuŋ] |
| Schneeleopard (m) | harimau bintang salju | [harimau bintaŋ saldʒˈu] |
| Luchs (m) | lynx | [links] |
| | | |
| Kojote (m) | koyote | [koyot] |
| Schakal (m) | jakal | [dʒˈakal] |
| Hyäne (f) | hiena | [hiena] |

## 88. Tiere in freier Wildbahn

| | | |
|---|---|---|
| Tier (n) | binatang | [binataŋ] |
| Bestie (f) | binatang buas | [binataŋ buas] |
| | | |
| Eichhörnchen (n) | bajing | [badʒiŋ] |
| Igel (m) | landak susu | [landa' susu] |
| Hase (m) | terwelu | [tərwelu] |
| Kaninchen (n) | kelinci | [kelintʃi] |
| | | |
| Dachs (m) | luak | [lua'] |
| Waschbär (m) | rakun | [rakun] |
| Hamster (m) | hamster | [hamster] |
| Murmeltier (n) | marmut | [marmut] |
| | | |
| Maulwurf (m) | tikus mondok | [tikus mondo'] |
| Maus (f) | tikus | [tikus] |
| Ratte (f) | tikus besar | [tikus besar] |
| Fledermaus (f) | kelelawar | [kelelawar] |
| | | |
| Hermelin (n) | ermin | [ermin] |
| Zobel (m) | sabel | [sabel] |
| Marder (m) | marten | [marten] |
| Wiesel (n) | musang | [musaŋ] |
| Nerz (m) | cerpelai | [tʃerpelaj] |

| Biber (m) | beaver | [beaver] |
| Fischotter (m) | berang-berang | [bəraŋ-beraŋ] |

| Pferd (n) | kuda | [kuda] |
| Elch (m) | rusa besar | [rusa besar] |
| Hirsch (m) | rusa | [rusa] |
| Kamel (n) | unta | [unta] |

| Bison (m) | bison | [bison] |
| Wisent (m) | aurochs | [oroks] |
| Büffel (m) | kerbau | [kerbau] |

| Zebra (n) | kuda belang | [kuda belaŋ] |
| Antilope (f) | antelop | [antelop] |
| Reh (n) | kijang | [kidʒʲaŋ] |
| Damhirsch (m) | rusa | [rusa] |
| Gämse (f) | chamois | [ʃemva] |
| Wildschwein (n) | babi hutan jantan | [babi hutan dʒʲantan] |

| Wal (m) | ikan paus | [ikan paus] |
| Seehund (m) | anjing laut | [andʒiŋ laut] |
| Walroß (n) | walrus | [walrus] |
| Seebär (m) | anjing laut berbulu | [andʒiŋ laut berbulu] |
| Delfin (m) | lumba-lumba | [lumba-lumba] |

| Bär (m) | beruang | [beruaŋ] |
| Eisbär (m) | beruang kutub | [beruaŋ kutub] |
| Panda (m) | panda | [panda] |

| Affe (m) | monyet | [monjet] |
| Schimpanse (m) | simpanse | [simpanse] |
| Orang-Utan (m) | orang utan | [oraŋ utan] |
| Gorilla (m) | gorila | [gorila] |
| Makak (m) | kera | [kera] |
| Gibbon (m) | siamang, ungka | [siamaŋ], [uŋka] |

| Elefant (m) | gajah | [gadʒʲah] |
| Nashorn (n) | badak | [badaʔ] |
| Giraffe (f) | jerapah | [dʒʲerapah] |
| Flusspferd (n) | kuda nil | [kuda nil] |

| Känguru (n) | kanguru | [kaŋuru] |
| Koala (m) | koala | [koala] |

| Manguste (f) | garangan | [garaŋan] |
| Chinchilla (n) | chinchilla | [tʃintʃilla] |
| Stinktier (n) | sigung | [siguŋ] |
| Stachelschwein (n) | landak | [landaʔ] |

## 89. Haustiere

| Katze (f) | kucing betina | [kutʃiŋ betina] |
| Kater (m) | kucing jantan | [kutʃiŋ dʒʲantan] |
| Hund (m) | anjing | [andʒiŋ] |

| Pferd (n) | kuda | [kuda] |
| Hengst (m) | kuda jantan | [kuda dʒʲantan] |
| Stute (f) | kuda betina | [kuda betina] |

| Kuh (f) | sapi | [sapi] |
| Stier (m) | sapi jantan | [sapi dʒʲantan] |
| Ochse (m) | lembu jantan | [lembu dʒʲantan] |

| Schaf (n) | domba | [domba] |
| Widder (m) | domba jantan | [domba dʒʲantan] |
| Ziege (f) | kambing betina | [kambiŋ betina] |
| Ziegenbock (m) | kambing jantan | [kambiŋ dʒʲantan] |

| Esel (m) | keledai | [keledaj] |
| Maultier (n) | bagal | [bagal] |

| Schwein (n) | babi | [babi] |
| Ferkel (n) | anak babi | [ana' babi] |
| Kaninchen (n) | kelinci | [kelintʃi] |

| Huhn (n) | ayam betina | [ajam betina] |
| Hahn (m) | ayam jago | [ajam dʒʲago] |

| Ente (f) | bebek | [bebe'] |
| Enterich (m) | bebek jantan | [bebe' dʒʲantan] |
| Gans (f) | angsa | [aŋsa] |

| Puter (m) | kalkun jantan | [kalkun dʒʲantan] |
| Pute (f) | kalkun betina | [kalkun betina] |

| Haustiere (pl) | binatang piaraan | [binataŋ piara'an] |
| zahm | jinak | [dʒina'] |
| zähmen (vt) | menjinakkan | [mendʒina'kan] |
| züchten (vt) | membiakkan | [membia'kan] |

| Farm (f) | peternakan | [peternakan] |
| Geflügel (n) | unggas | [uŋgas] |
| Vieh (n) | ternak | [terna'] |
| Herde (f) | kawanan | [kawanan] |

| Pferdestall (m) | kandang kuda | [kandaŋ kuda] |
| Schweinestall (m) | kandang babi | [kandaŋ babi] |
| Kuhstall (m) | kandang sapi | [kandaŋ sapi] |
| Kaninchenstall (m) | sangkar kelinci | [saŋkar kelintʃi] |
| Hühnerstall (m) | kandang ayam | [kandaŋ ajam] |

## 90. Vögel

| Vogel (m) | burung | [buruŋ] |
| Taube (f) | burung dara | [buruŋ dara] |
| Spatz (m) | burung gereja | [buruŋ geredʒʲa] |
| Meise (f) | burung tit | [buruŋ tit] |
| Elster (f) | burung murai | [buruŋ muraj] |
| Rabe (m) | burung raven | [buruŋ raven] |

| Krähe (f) | burung gagak | [buruŋ gagaʔ] |
|---|---|---|
| Dohle (f) | burung gagak kecil | [buruŋ gagaʔ ketʃil] |
| Saatkrähe (f) | burung rook | [buruŋ rooʔ] |

| Ente (f) | bebek | [bebeʔ] |
|---|---|---|
| Gans (f) | angsa | [aŋsa] |
| Fasan (m) | burung kuau | [buruŋ kuau] |

| Adler (m) | rajawali | [radʒʲawali] |
|---|---|---|
| Habicht (m) | elang | [elaŋ] |
| Falke (m) | alap-alap | [alap-alap] |
| Greif (m) | hering | [heriŋ] |
| Kondor (m) | kondor | [kondor] |

| Schwan (m) | angsa | [aŋsa] |
|---|---|---|
| Kranich (m) | burung jenjang | [buruŋ dʒʲendʒʲaŋ] |
| Storch (m) | bangau | [baŋau] |

| Papagei (m) | burung nuri | [buruŋ nuri] |
|---|---|---|
| Kolibri (m) | burung kolibri | [buruŋ kolibri] |
| Pfau (m) | burung merak | [buruŋ meraʔ] |

| Strauß (m) | burung unta | [buruŋ unta] |
|---|---|---|
| Reiher (m) | kuntul | [kuntul] |
| Flamingo (m) | burung flamingo | [buruŋ flamiŋo] |
| Pelikan (m) | pelikan | [pelikan] |

| Nachtigall (f) | burung bulbul | [buruŋ bulbul] |
|---|---|---|
| Schwalbe (f) | burung walet | [buruŋ walet] |

| Drossel (f) | burung jalak | [buruŋ dʒʲalaʔ] |
|---|---|---|
| Singdrossel (f) | burung jalak suren | [buruŋ dʒʲalaʔ suren] |
| Amsel (f) | burung jalak hitam | [buruŋ dʒʲalaʔ hitam] |

| Segler (m) | burung apus-apus | [buruŋ apus-apus] |
|---|---|---|
| Lerche (f) | burung lark | [buruŋ larʔ] |
| Wachtel (f) | burung puyuh | [buruŋ puyuh] |

| Specht (m) | burung pelatuk | [buruŋ pelatuʔ] |
|---|---|---|
| Kuckuck (m) | burung kukuk | [buruŋ kukuʔ] |
| Eule (f) | burung hantu | [buruŋ hantu] |
| Uhu (m) | burung hantu bertanduk | [buruŋ hantu bertanduʔ] |
| Auerhahn (m) | burung murai kayu | [buruŋ muraj kaju] |
| Birkhahn (m) | burung belibis hitam | [buruŋ belibis hitam] |
| Rebhuhn (n) | ayam hutan | [ajam hutan] |

| Star (m) | burung starling | [buruŋ starliŋ] |
|---|---|---|
| Kanarienvogel (m) | burung kenari | [buruŋ kenari] |
| Haselhuhn (n) | ayam hutan hazel | [ajam hutan hazel] |

| Buchfink (m) | burung chaffinch | [buruŋ tʃaffintʃ] |
|---|---|---|
| Gimpel (m) | burung bullfinch | [buruŋ bullfintʃ] |

| Möwe (f) | burung camar | [buruŋ tʃamar] |
|---|---|---|
| Albatros (m) | albatros | [albatros] |
| Pinguin (m) | penguin | [peŋuin] |

## 91. Fische. Meerestiere

| | | |
|---|---|---|
| Brachse (f) | ikan bream | [ikan bream] |
| Karpfen (m) | ikan karper | [ikan karper] |
| Barsch (m) | ikan tilapia | [ikan tilapia] |
| Wels (m) | lais junggang | [lajs dʒʲuŋgaŋ] |
| Hecht (m) | ikan pike | [ikan paik] |
| | | |
| Lachs (m) | salmon | [salmon] |
| Stör (m) | ikan sturgeon | [ikan sturdʒʲen] |
| | | |
| Hering (m) | ikan haring | [ikan hariŋ] |
| atlantische Lachs (m) | ikan salem | [ikan salem] |
| Makrele (f) | ikan kembung | [ikan kembuŋ] |
| Scholle (f) | ikan sebelah | [ikan sebelah] |
| | | |
| Zander (m) | ikan seligi tenggeran | [ikan seligi teŋgeran] |
| Dorsch (m) | ikan kod | [ikan kod] |
| Tunfisch (m) | tuna | [tuna] |
| Forelle (f) | ikan forel | [ikan forel] |
| | | |
| Aal (m) | belut | [belut] |
| Zitterrochen (m) | ikan pari listrik | [ikan pari listriʔ] |
| Muräne (f) | belut moray | [belut morey] |
| Piranha (m) | ikan piranha | [ikan piranha] |
| | | |
| Hai (m) | ikan hiu | [ikan hiu] |
| Delfin (m) | lumba-lumba | [lumba-lumba] |
| Wal (m) | ikan paus | [ikan paus] |
| | | |
| Krabbe (f) | kepiting | [kepitiŋ] |
| Meduse (f) | ubur-ubur | [ubur-ubur] |
| Krake (m) | gurita | [gurita] |
| | | |
| Seestern (m) | bintang laut | [bintaŋ laut] |
| Seeigel (m) | landak laut | [landaʔ laut] |
| Seepferdchen (n) | kuda laut | [kuda laut] |
| | | |
| Auster (f) | tiram | [tiram] |
| Garnele (f) | udang | [udaŋ] |
| Hummer (m) | udang karang | [udaŋ karaŋ] |
| Languste (f) | lobster berduri | [lobster berduri] |

## 92. Amphibien Reptilien

| | | |
|---|---|---|
| Schlange (f) | ular | [ular] |
| Gift-, giftig | berbisa | [berbisa] |
| | | |
| Viper (f) | ular viper | [ular viper] |
| Kobra (f) | kobra | [kobra] |
| Python (m) | ular sanca | [ular santʃa] |
| Boa (f) | ular boa | [ular boa] |
| Ringelnatter (f) | ular tanah | [ular tanah] |

| Klapperschlange (f) | ular derik | [ular deriʔ] |
| Anakonda (f) | ular anakonda | [ular anakonda] |

| Eidechse (f) | kadal | [kadal] |
| Leguan (m) | iguana | [iguana] |
| Waran (m) | biawak | [biawaʔ] |
| Salamander (m) | salamander | [salamander] |
| Chamäleon (n) | bunglon | [buŋlon] |
| Skorpion (m) | kalajengking | [kaladʒʲeŋkiŋ] |

| Schildkröte (f) | kura-kura | [kura-kura] |
| Frosch (m) | katak | [kataʔ] |
| Kröte (f) | kodok | [kodoʔ] |
| Krokodil (n) | buaya | [buaja] |

## 93. Insekten

| Insekt (n) | serangga | [seraŋga] |
| Schmetterling (m) | kupu-kupu | [kupu-kupu] |
| Ameise (f) | semut | [semut] |
| Fliege (f) | lalat | [lalat] |
| Mücke (f) | nyamuk | [njamuʔ] |
| Käfer (m) | kumbang | [kumbaŋ] |

| Wespe (f) | tawon | [tawon] |
| Biene (f) | lebah | [lebah] |
| Hummel (f) | kumbang | [kumbaŋ] |
| Bremse (f) | lalat kerbau | [lalat kerbau] |

| Spinne (f) | laba-laba | [laba-laba] |
| Spinnennetz (n) | sarang laba-laba | [saraŋ laba-laba] |

| Libelle (f) | capung | [ʧapuŋ] |
| Grashüpfer (m) | belalang | [belalaŋ] |
| Schmetterling (m) | ngengat | [ŋeŋat] |

| Schabe (f) | kecoa | [keʧoa] |
| Zecke (f) | kutu | [kutu] |
| Floh (m) | kutu loncat | [kutu lonʧat] |
| Kriebelmücke (f) | agas | [agas] |

| Heuschrecke (f) | belalang | [belalaŋ] |
| Schnecke (f) | siput | [siput] |
| Heimchen (n) | jangkrik | [dʒʲaŋkriʔ] |
| Leuchtkäfer (m) | kunang-kunang | [kunaŋ-kunaŋ] |
| Marienkäfer (m) | kumbang koksi | [kumbaŋ koksi] |
| Maikäfer (m) | kumbang Cockchafer | [kumbaŋ kokʃafer] |

| Blutegel (m) | lintah | [lintah] |
| Raupe (f) | ulat | [ulat] |
| Wurm (m) | cacing | [ʧaʧiŋ] |
| Larve (f) | larva | [larva] |

# FLORA

## 94. Bäume

| Baum (m) | pohon | [pohon] |
| Laub- | daun luruh | [daun luruh] |
| Nadel- | pohon jarum | [pohon ʤarum] |
| immergrün | selalu hijau | [selalu hiʤʲau] |

| Apfelbaum (m) | pohon apel | [pohon apel] |
| Birnbaum (m) | pohon pir | [pohon pir] |
| Süßkirschbaum (m) | pohon ceri manis | [pohon tʃeri manis] |
| Sauerkirschbaum (m) | pohon ceri asam | [pohon tʃeri asam] |
| Pflaumenbaum (m) | pohon plum | [pohon plum] |

| Birke (f) | pohon berk | [pohon bər⁷] |
| Eiche (f) | pohon eik | [pohon ei⁷] |
| Linde (f) | pohon linden | [pohon linden] |
| Espe (f) | pohon aspen | [pohon aspen] |
| Ahorn (m) | pohon mapel | [pohon mapel] |
| Fichte (f) | pohon den | [pohon den] |
| Kiefer (f) | pohon pinus | [pohon pinus] |
| Lärche (f) | pohon larch | [pohon lartʃ] |
| Tanne (f) | pohon fir | [pohon fir] |
| Zeder (f) | pohon aras | [pohon aras] |

| Pappel (f) | pohon poplar | [pohon poplar] |
| Vogelbeerbaum (m) | pohon rowan | [pohon rowan] |
| Weide (f) | pohon dedalu | [pohon dedalu] |
| Erle (f) | pohon alder | [pohon alder] |
| Buche (f) | pohon nothofagus | [pohon notofagus] |
| Ulme (f) | pohon elm | [pohon elm] |
| Esche (f) | pohon abu | [pohon abu] |
| Kastanie (f) | kastanye | [kastanje] |

| Magnolie (f) | magnolia | [magnolia] |
| Palme (f) | palem | [palem] |
| Zypresse (f) | pokok cipres | [poko' sipres] |

| Mangrovenbaum (m) | bakau | [bakau] |
| Baobab (m) | baobab | [baobab] |
| Eukalyptus (m) | kayu putih | [kaju putih] |
| Mammutbaum (m) | sequoia | [sekuoia] |

## 95. Büsche

| Strauch (m) | rumpun | [rumpun] |
| Gebüsch (n) | semak | [sema⁷] |

| | | |
|---|---|---|
| Weinstock (m) | pohon anggur | [pohon aŋgur] |
| Weinberg (m) | kebun anggur | [kebun aŋgur] |

| | | |
|---|---|---|
| Himbeerstrauch (m) | pohon frambus | [pohon frambus] |
| schwarze Johannisbeere (f) | pohon blackcurrant | [pohon ble'karen] |
| rote Johannisbeere (f) | pohon redcurrant | [pohon redkaren] |
| Stachelbeerstrauch (m) | pohon arbei hijau | [pohon arbei hidʒʲau] |

| | | |
|---|---|---|
| Akazie (f) | pohon akasia | [pohon akasia] |
| Berberitze (f) | pohon barberis | [pohon barberis] |
| Jasmin (m) | melati | [melati] |

| | | |
|---|---|---|
| Wacholder (m) | pohon juniper | [pohon dʒʲuniper] |
| Rosenstrauch (m) | pohon mawar | [pohon mawar] |
| Heckenrose (f) | pohon mawar liar | [pohon mawar liar] |

## 96. Obst. Beeren

| | | |
|---|---|---|
| Frucht (f) | buah | [buah] |
| Früchte (pl) | buah-buahan | [buah-buahan] |

| | | |
|---|---|---|
| Apfel (m) | apel | [apel] |
| Birne (f) | pir | [pir] |
| Pflaume (f) | plum | [plum] |

| | | |
|---|---|---|
| Erdbeere (f) | stroberi | [stroberi] |
| Sauerkirsche (f) | buah ceri asam | [buah tʃeri asam] |
| Süßkirsche (f) | buah ceri manis | [buah tʃeri manis] |
| Weintrauben (pl) | buah anggur | [buah aŋgur] |

| | | |
|---|---|---|
| Himbeere (f) | buah frambus | [buah frambus] |
| schwarze Johannisbeere (f) | blackcurrant | [ble'karen] |
| rote Johannisbeere (f) | redcurrant | [redkaren] |
| Stachelbeere (f) | buah arbei hijau | [buah arbei hidʒʲau] |
| Moosbeere (f) | buah kranberi | [buah kranberi] |

| | | |
|---|---|---|
| Apfelsine (f) | jeruk manis | [dʒʲeru' manis] |
| Mandarine (f) | jeruk mandarin | [dʒʲeru' mandarin] |
| Ananas (f) | nanas | [nanas] |
| Banane (f) | pisang | [pisaŋ] |
| Dattel (f) | buah kurma | [buah kurma] |

| | | |
|---|---|---|
| Zitrone (f) | jeruk sitrun | [dʒʲeru' sitrun] |
| Aprikose (f) | aprikot | [aprikot] |
| Pfirsich (m) | persik | [persi'] |

| | | |
|---|---|---|
| Kiwi (f) | kiwi | [kiwi] |
| Grapefruit (f) | jeruk Bali | [dʒʲeru' bali] |

| | | |
|---|---|---|
| Beere (f) | buah beri | [buah beri] |
| Beeren (pl) | buah-buah beri | [buah-buah beri] |
| Preiselbeere (f) | buah cowberry | [buah kowberi] |
| Walderdbeere (f) | stroberi liar | [stroberi liar] |
| Heidelbeere (f) | buah bilberi | [buah bilberi] |

## 97. Blumen. Pflanzen

| | | |
|---|---|---|
| Blume (f) | bunga | [buŋa] |
| Blumenstrauß (m) | buket | [buket] |
| | | |
| Rose (f) | mawar | [mawar] |
| Tulpe (f) | tulip | [tulip] |
| Nelke (f) | bunga anyelir | [buŋa anjelir] |
| Gladiole (f) | bunga gladiol | [buŋa gladiol] |
| | | |
| Kornblume (f) | cornflower | [kornflawa] |
| Glockenblume (f) | bunga lonceng biru | [buŋa lontʃeŋ biru] |
| Löwenzahn (m) | dandelion | [dandelion] |
| Kamille (f) | bunga margrit | [buŋa margrit] |
| | | |
| Aloe (f) | lidah buaya | [lidah buaja] |
| Kaktus (m) | kaktus | [kaktus] |
| Gummibaum (m) | pohon ara | [pohon ara] |
| | | |
| Lilie (f) | bunga lili | [buŋa lili] |
| Geranie (f) | geranium | [geranium] |
| Hyazinthe (f) | bunga bakung lembayung | [buŋa bakuŋ lembajuŋ] |
| | | |
| Mimose (f) | putri malu | [putri malu] |
| Narzisse (f) | bunga narsis | [buŋa narsis] |
| Kapuzinerkresse (f) | bunga nasturtium | [buŋa nasturtium] |
| | | |
| Orchidee (f) | anggrek | [aŋgreʔ] |
| Pfingstrose (f) | bunga peoni | [buŋa peoni] |
| Veilchen (n) | bunga violet | [buŋa violet] |
| | | |
| Stiefmütterchen (n) | bunga pansy | [buŋa pansi] |
| Vergissmeinnicht (n) | bunga jangan-lupakan-daku | [buŋa dʒ'aŋan-lupakan-daku] |
| Gänseblümchen (n) | bunga desi | [buŋa desi] |
| | | |
| Mohn (m) | bunga madat | [buŋa madat] |
| Hanf (m) | rami | [rami] |
| Minze (f) | mint | [min] |
| | | |
| Maiglöckchen (n) | lili lembah | [lili lembah] |
| Schneeglöckchen (n) | bunga tetesan salju | [buŋa tetesan saldʒ'u] |
| | | |
| Brennnessel (f) | jelatang | [dʒ'elataŋ] |
| Sauerampfer (m) | daun sorrel | [daun sorrel] |
| Seerose (f) | lili air | [lili air] |
| Farn (m) | pakis | [pakis] |
| Flechte (f) | lichen | [litʃen] |
| | | |
| Gewächshaus (n) | rumah kaca | [rumah katʃa] |
| Rasen (m) | halaman berumput | [halaman bərumput] |
| Blumenbeet (n) | bedeng bunga | [bedeŋ buŋa] |
| | | |
| Pflanze (f) | tumbuhan | [tumbuhan] |
| Gras (n) | rumput | [rumput] |

| Grashalm (m) | sehelai rumput | [sehelaj rumput] |
| Blatt (n) | daun | [daun] |
| Blütenblatt (n) | kelopak | [kelopa'] |
| Stiel (m) | batang | [bataŋ] |
| Knolle (f) | ubi | [ubi] |

| Jungpflanze (f) | tunas | [tunas] |
| Dorn (m) | duri | [duri] |

| blühen (vi) | berbunga | [bərbuŋa] |
| welken (vi) | layu | [laju] |
| Geruch (m) | bau | [bau] |
| abschneiden (vt) | memotong | [memotoŋ] |
| pflücken (vt) | memetik | [memeti'] |

## 98. Getreide, Körner

| Getreide (n) | biji-bijian | [bidʒi-bidʒian] |
| Getreidepflanzen (pl) | padi-padian | [padi-padian] |
| Ähre (f) | bulir | [bulir] |

| Weizen (m) | gandum | [gandum] |
| Roggen (m) | gandum hitam | [gandum hitam] |
| Hafer (m) | oat | [oat] |
| Hirse (f) | jawawut | [dʒʲawawut] |
| Gerste (f) | jelai | [dʒʲelaj] |

| Mais (m) | jagung | [dʒʲaguŋ] |
| Reis (m) | beras | [beras] |
| Buchweizen (m) | buckwheat | [bakvit] |

| Erbse (f) | kacang polong | [katʃaŋ poloŋ] |
| weiße Bohne (f) | kacang buncis | [katʃaŋ buntʃis] |
| Sojabohne (f) | kacang kedelai | [katʃaŋ kedelaj] |
| Linse (f) | kacang lentil | [katʃaŋ lentil] |
| Bohnen (pl) | kacang-kacangan | [katʃaŋ-katʃaŋan] |

# LÄNDER DER WELT

## 99. Länder. Teil 1

| | | |
|---|---|---|
| Afghanistan | **Afghanistan** | [afganistan] |
| Ägypten | **Mesir** | [mesir] |
| Albanien | **Albania** | [albania] |
| Argentinien | **Argentina** | [argentina] |
| Armenien | **Armenia** | [armenia] |
| Aserbaidschan | **Azerbaijan** | [azerbajʤʲan] |
| Australien | **Australia** | [australia] |
| | | |
| Bangladesch | **Bangladesh** | [baŋladeʃ] |
| Belgien | **Belgia** | [belgia] |
| Bolivien | **Bolivia** | [bolivia] |
| Bosnien und Herzegowina | **Bosnia-Hercegovina** | [bosnia-hersegovina] |
| Brasilien | **Brasil** | [brasil] |
| Bulgarien | **Bulgaria** | [bulgaria] |
| | | |
| Chile | **Chili** | [tʃili] |
| China | **Tiongkok** | [tjoŋkoʔ] |
| Dänemark | **Denmark** | [denmarʔ] |
| Deutschland | **Jerman** | [ʤʲerman] |
| Die Bahamas | **Kepulauan Bahama** | [kepulauan bahama] |
| Die Vereinigten Staaten | **Amerika Serikat** | [amerika serikat] |
| Dominikanische Republik | **Republik Dominika** | [republiʔ dominika] |
| | | |
| Ecuador | **Ekuador** | [ekuador] |
| England | **Inggris** | [iŋgris] |
| Estland | **Estonia** | [estonia] |
| Finnland | **Finlandia** | [finlandia] |
| | | |
| Frankreich | **Prancis** | [prantʃis] |
| Französisch-Polynesien | **Polinesia Prancis** | [polinesia prantʃis] |
| | | |
| Georgien | **Georgia** | [ʤʲordʒʲia] |
| Ghana | **Ghana** | [gana] |
| Griechenland | **Yunani** | [yunani] |
| | | |
| Großbritannien | **Britania Raya** | [britania raja] |
| Haiti | **Haiti** | [haiti] |
| | | |
| Indien | **India** | [india] |
| Indonesien | **Indonesia** | [indonesia] |
| Irak | **Irak** | [iraʔ] |
| Iran | **Iran** | [iran] |
| Irland | **Irlandia** | [irlandia] |
| Island | **Islandia** | [islandia] |
| Israel | **Israel** | [israel] |
| Italien | **Italia** | [italia] |

## 100. Länder. Teil 2

| | | |
|---|---|---|
| Jamaika | Jamaika | [dʒ'amajka] |
| Japan | Jepang | [dʒ'epaŋ] |
| Jordanien | Yordania | [yordania] |
| | | |
| Kambodscha | Kamboja | [kambodʒ'a] |
| Kanada | Kanada | [kanada] |
| Kasachstan | Kazakistan | [kazakstan] |
| Kenia | Kenya | [kenia] |
| Kirgisien | Kirgizia | [kirgizia] |
| Kolumbien | Kolombia | [kolombia] |
| Kroatien | Kroasia | [kroasia] |
| Kuba | Kuba | [kuba] |
| Kuwait | Kuwait | [kuweyt] |
| | | |
| Laos | Laos | [laos] |
| Lettland | Latvia | [latvia] |
| Libanon (m) | Lebanon | [lebanon] |
| Libyen | Libia | [libia] |
| Liechtenstein | Liechtenstein | [lajhtensteyn] |
| Litauen | Lituania | [lituania] |
| Luxemburg | Luksemburg | [luksemburg] |
| | | |
| Madagaskar | Madagaskar | [madagaskar] |
| Makedonien | Makedonia | [makedonia] |
| Malaysia | Malaysia | [malajsia] |
| Malta | Malta | [malta] |
| Marokko | Maroko | [maroko] |
| Mexiko | Meksiko | [meksiko] |
| Moldawien | Moldova | [moldova] |
| Monaco | Monako | [monako] |
| Mongolei (f) | Mongolia | [moŋolia] |
| Montenegro | Montenegro | [montenegro] |
| Myanmar | Myanmar | [myanmar] |
| | | |
| Namibia | Namibia | [namibia] |
| Nepal | Nepal | [nepal] |
| Neuseeland | Selandia Baru | [selandia baru] |
| Niederlande (f) | Belanda | [belanda] |
| Nordkorea | Korea Utara | [korea utara] |
| Norwegen | Norwegia | [norwegia] |
| Österreich | Austria | [austria] |

## 101. Länder. Teil 3

| | | |
|---|---|---|
| Pakistan | Pakistan | [pakistan] |
| Palästina | Palestina | [palestina] |
| Panama | Panama | [panama] |
| Paraguay | Paraguay | [paraguaj] |
| Peru | Peru | [peru] |
| Polen | Polandia | [polandia] |
| Portugal | Portugal | [portugal] |

| Republik Südafrika | Afrika Selatan | [afrika selatan] |
| Rumänien | Romania | [romania] |
| Russland | Rusia | [rusia] |

| Sansibar | Zanzibar | [zanzibar] |
| Saudi-Arabien | Arab Saudi | [arab saudi] |
| Schottland | Skotlandia | [skotlandia] |
| Schweden | Swedia | [swedia] |
| Schweiz (f) | Swiss | [swiss] |
| Senegal | Senegal | [senegal] |
| Serbien | Serbia | [serbia] |
| Slowakei (f) | Slowakia | [slowakia] |
| Slowenien | Slovenia | [slovenia] |
| Spanien | Spanyol | [spanjol] |
| Südkorea | Korea Selatan | [korea selatan] |
| Suriname | Suriname | [suriname] |
| Syrien | Suriah | [suriah] |

| Tadschikistan | Tajikistan | [tadʒikistan] |
| Taiwan | Taiwan | [tajwan] |
| Tansania | Tanzania | [tanzania] |
| Tasmanien | Tasmania | [tasmania] |
| Thailand | Thailand | [tajland] |
| Tschechien | Republik Ceko | [republi' tʃeko] |
| Tunesien | Tunisia | [tunisia] |
| Türkei (f) | Turki | [turki] |
| Turkmenistan | Turkmenistan | [turkmenistan] |

| Ukraine (f) | Ukraina | [ukrajna] |
| Ungarn | Hongaria | [hoŋaria] |
| Uruguay | Uruguay | [uruguaj] |
| Usbekistan | Uzbekistan | [uzbekistan] |

| Vatikan (m) | Vatikan | [vatikan] |
| Venezuela | Venezuela | [venezuela] |
| Vereinigten Arabischen Emirate | Uni Emirat Arab | [uni emirat arab] |
| Vietnam | Vietnam | [vjetnam] |
| Weißrussland | Belarusia | [belarusia] |
| Zypern | Siprus | [siprus] |